FRANZISKA KRATTINGER

SOUL POWER

THE NEXT LEVEL

TOOLS, DIE DEIN LEBEN
VERÄNDERN WERDEN

//////////////////////////// SILBERSCHNUR VERLAG

Aus Gründen der besseren Lesbarkeit wird bei Personenbe-
zeichnungen und personenbezogenen Hauptwörtern in diesem Buch die männliche Form verwendet. Entsprechende
Begriffe gelten im Sinne der Gleichbehandlung grundsätzlich
für alle Geschlechter. Die verkürzte Sprachform hat nur re-
daktionelle Gründe und beinhaltet keine Wertung.

Copyright © 2010 Verlag »Die Silberschnur« GmbH; 1. Auflage erschienen unter
der ISBN 978-3-89845-289-2 mit dem Titel »2012 Seelenpower. Die Zeitenwende
als Chance«

ISBN: 978-3-96933-077-7

1. überarbeitete Neuauflage 2025

Umschlaggestaltung & Satz: XPresentation, Güllesheim; unter Verwendung eines
Motivs © Designed by Freepik
Druck: PB Tisk, a.s. Czech Republic

Verlag »Die Silberschnur« GmbH · Steinstr. 1 · 56593 Güllesheim
www.silberschnur.de · E-Mail: info@silberschnur.de

»Das schönste Glück
des denkenden Menschen ist,
das Erforschliche erforscht zu haben
und das Unerforschliche ruhig zu verehren.«

Johann Wolfgang von Goethe

Inhalt

Vorwort 11

Danksagung – Danke! Danke! Danke! 13

1. Eine neue Ära:
   Das Wichtigste in der Kurzfassung 15

2. TransFormation / Zeitenwende 18

3. Planetarischer Aufstieg der Erde 20

4. Ein Anheben der Schwingungsfrequenz 22

5. Systeme: Zwang oder Ordnung? 27

6. Zeitempfinden / Schwingungs- &
   Frequenzerhöhung 30

7. Weltuntergangswarnungen
   mit konkreten Zeitangaben 34

8. Die Wiederauferstehung alter Kulturen? 36

9. Naturkatastrophen: Mensch & Mitwelt 40

10. Seelenwanderung und Inkarnationsstufen 43

11. Das große Erwachen der Menschheit 56

12. Mems und andere Speichermedien 59

13. »Gedächtnis der Natur« /
    morphogenetische Felder 62

14. Das morphogenetische Feld der Erde   70

15. Finanz- oder Sklavensystem   75

16. Banken und ihre Macht   86

17. »Auf Nummer sicher gehen«   90

18. Wirtschaft & Soziales   94

19. Das Erkennen der persönlichen Macht   96

20. Geld: Bedürftigkeit oder Wertvermehrung?   100

21. Innere Werte und äußerer Reichtum   106

22. Heilungsprozesse:
Gesundheitswesen & Pharmaindustrie   111

23. Moderne Nahrung zerstört die Welt!   115

24. Optimale Ernährung   121

25. Mehr Rohkost – warum und wieso?   126

26. Partnerschaften & andere Lebensbeziehungen   131

27. Die besonderen Fähigkeiten der
heutigen Kinder   136

28. Alles ist eine Frage des Bewusstseins   139

29. Sich seiner selbst bewusst sein!   141

30. Die drei Teile des Bewusstseins   147

31. Herz & Verstand / Kopf oder Gefühl   155

32. Was ist Liebe?   156

33. Ziele & Neuausrichtung   157

34. 14 konkrete Ziele für ein neues,
bewusstes Dasein!   159

35. Wandlung im großen Stil   163

36. Meisterjahre   164

37. Persönliche Wahrnehmung & Evolution   165

38. Gemeinsamkeit –
eine Frage der Kommunikation   167

39. Der Grund für Voraussagen
und Prophezeiungen   169

Zum Schluss ...   172

Franziska Krattinger
& der Verlag »Die Silberschnur«   175

Vorwort

Ich wurde immer wieder gefragt, was ich zum Thema Zeitenwende und den dazu kursierenden Prophezeiungen denke. Die diversen Fragen veranlassten mich, mich mit dieser Thematik genauer zu befassen und letztendlich meine Erkenntnisse auf diesem Weg allen zugänglich zu machen. Die Menschheit befindet sich offensichtlich und spürbar in einem großen Wandel. Viele sind verunsichert, was auf sie zukommt und ob oder wie es weitergeht. Viele Systeme und Lebensformen scheinen bedroht, und ein Um- und Neudenken ist sicherlich unumgänglich.

Ein Teil der Menschheit hofft auf einen Erlöser, weil sie sich selbst nicht zutraut, wahre und wirkliche Veränderungen im Guten zu schaffen. Ohnmacht, Machtlosigkeit und Resignation sind weit verbreitet, und das Opfer- und Täterbewusstsein in den Köpfen und Herzen der Menschen verstärkt sich zusehends. Die andauernd geschürte Unsicherheit ist ein idealer Nährboden für neue Ängste, Befürchtungen kursieren und schießen wie Unkraut aus dem Boden. Zerstörung oder Auferstehung, Reinigung und Selektion, Aufbruch oder Untergang sind die Basis teils fast apokalyptischer Visionen. Zeitenwende oder Wendezeit?

Jeder Mensch ist ein machtvolles Wesen, das über einen freien Willen verfügt und das Leben führt, das seiner Entwicklung dient. Es geht mir darum, die verschiedenen

Mechanismen, die uns hemmen können, aufzuzeigen, so dass jeder selbst in der Lage ist, diese bei sich zu erkennen, zu begreifen und bewusst umzustellen. Wo beginnt die persönliche Macht, und wo endet sie? – Was sich sicher sagen lässt: Es ist eine Zeit der großen Schritte, der nie da gewesenen Chancen, und alles scheint uns den Weg zum Gewinn in allen Bereichen zu zeigen. Wer sein Herz öffnet und die Augen und Ohren aufmacht, der wird die gegebenen Möglichkeiten und Chancen nutzen können.

Dieses Werk soll im Wesentlichen dazu beitragen, die inneren Werte nach außen zu bringen, die Herzen zu öffnen, die wahre Liebe in Wirklichkeit zu erleben und den materiellen Wohlstand – mit der Zeit für alle – zu manifestieren. Wenn Sie dieses Buch nun in der Hand halten, so ist sicher, dass Sie auch zu denen gehören, die bereit sind, sich die wahre Fülle und Freude zu gönnen und die innere Kraft für die äußeren Wunder einzusetzen, denn Sie sind von der gleichen Kraft angezogen worden ...

Gemeinsam verändern wir diese Welt in Windeseile in ein Paradies. Indem wir uns unserer einzelnen Kräfte bewusst werden und gemeinsam auf das Ziel hinarbeiten, gelangen wir in unsere wahre Wirklichkeit. Geben Sie Ihre Erkenntnisse weiter, und lassen Sie andere an Ihren Schätzen teilhaben. Empfehlen Sie die Erkenntnisse in diesem Buch weiter, wenn Sie Ihnen einleuchten und dienen, denn auf diese Weise werden auch Sie weiter im wertschätzenden Sinn in *Form*iert ...

Danksagung –
Danke! Danke! Danke!

An dieser Stelle DANKE ich allen Menschen, die mir seit vielen Jahren ihr Vertrauen geschenkt haben, denn sie haben mich mit ihren Fragen und ihren Situationen dazu gebracht, den Dingen wirklich auf den Grund zu gehen. Aus Erfahrungen wurden Erkenntnisse, aus Wissen entstand zunehmend Weisheit und Verständnis. Ich habe erkannt, dass, wenn wir jegliches Bewerten und Ver-/Urteilen immer mehr neutralisieren, dadurch die wirkliche Freiheit für unsere Seelen erreicht wird. Erst durch die neutrale, wertfreie Betrachtung sind wir in der Lage, zu sehen und zu erkennen, was wirkend ist. Durch die vielen direkten und intensiven Begegnungen mit Seminar- und Vortragsteilnehmern, mit Ratsuchenden sowie auch durch die persönlichen Begegnungen in meinem Privatleben bin ich gewachsen, durch sie bin ich ich selbst geworden. Alle waren ein Spiegel für mich, in dem ich mich selbst immer wieder gesehen habe. Durch die an mich herangetragenen Situationen konnte ich mich selbst erleben, und die von mir entwickelten Lösungen dienten letztendlich auch immer mir selbst. Ich habe gelernt, dass es keine Probleme gibt, sondern Situationen und Möglichkeiten. Würde ich Probleme behandeln, so hätte ich als Beraterin am Schluss die meisten Probleme.

Ich kreiere Lösungen, denn ob ich etwas für mich oder für andere denke, ist egal. All unsere Gedanken gehen in Resonanz und bestimmen unser Energiefeld. Also, wer anderen Gutes wünscht, zieht das Gute auch in sein Dasein.

1

EINE NEUE ÄRA: Das Wichtigste in der Kurzfassung

Vermutungen und Erwartungen

Es gab und gibt viele Quellen, die das Ende einer Ära und sogar den Weltuntergang ankündigten und immer noch voraussagen. Vieles wurde aus Kalenderberechnungen und Prophezeiungen herausgelesen ... Es handelt sich meiner Meinung nach bei allen Endzeitprophezeiungen allerdings eher um das Einläuten eines grundlegenden Wandels der Menschheit, denn der Abschluss eines Kalenders, wie beispielsweise des Maya-Kalenders im Jahr 2012, läutet immer nur das Ende eines geistigen Zyklus ein, der zugleich der Beginn einer neuen Periode mit einer neuen Thematik ist – keinesfalls aber das Datum für den Weltuntergang.

Wir kennen zahlreiche Kalender, manche basieren auf Himmelskonstellationen, manche auf Wetter und Gezeiten oder auf den Jahreszeiten, wie der gregorianische Kalender, den wir in der westlichen Welt nutzen. Andere Kalender und Zeitrechnungen jedoch wurden nicht auf physischen Wirklichkeiten erstellt, sondern sie basieren auf kosmischen Rhythmen. Sie stellen die Entschlüsselung der Entwicklung des menschlichen Bewusstseins dar, und von einer solchen Zeitrechnung möchte ich sprechen, denn unser Planet durchlief (und durchläuft) allein in den letzten Jahren mehrere wichtige Zyklen: mit intensiven Reinigungsprozessen und der Rückkehr der kosmisch-göttlichen Energien, die in eine spirituell-religiöse Epoche mündet, die mit einer Transformation des menschlichen Bewusstseins einhergeht. Dies ist der Moment, in dem »das Licht alle Unterwelten durchdringt und keine Dunkelheit mehr den Kontakt zwischen der Menschheit und dem Göttlichen stört«. (Carl Johan Calleman: »Der Maya-Kalender und die Transformation des Bewusstseins«)

Die Kräfteverhältnisse der Schwingungsresonanzen der Erde haben sich geändert, weil unser Sonnensystem seine Laufbahn mit dem Wendepunkt in der Milchstraße bereits Ende 2012 neu begonnen hat. Mit diesem Wendepunkt – das wird vielfach behauptet – trat eine neue Schwingungsqualität in Kraft. Dieser neue Energiestrahl regte die Liebesfähigkeit der Menschen an und verstärkte sie, und wenn die Menschen ihr Herz öffnen, öffnen sie sich gleichzeitig auch für eine neue spirituelle Sichtweise, die auf das Wohlergehen aller Menschen und Lebewesen abzielt. Den Menschen wird sich auch in Zukunft zunehmend eine neue Lebensqualität eröffnen, und so können wir diesem Wandel freudig entgegenblicken.

Die Sonne hat im Energiefeld der Milchstraße besonders intensive Flecken ausgebildet, die starke magnetische Winde auf die Erde tragen. Diese tragen ebenso dazu bei, die spirituellen Fähigkeiten und Wahrnehmungen der Menschen um ein Vielfaches zu verstärken.

2

TransFormation / Zeitenwende

Was ich für mich selbst daraus entnommen habe, ist, dass dies eine Wendezeit ist, in der sich starke, persönliche Transformationsprozesse nicht umgehen lassen (*Transformation* bedeutet Umwandlung). Das Ergebnis wird von jedem Einzelnen selbst bestimmt, und jeder beeinflusst durch sich selbst das Ganze. Niemand bleibt verschont, und jeder ist gefordert, selbst Verantwortung zu übernehmen.

Durch die Entdeckung der persönlichen Eigenmacht werden die Machtspiele, die in den letzten fünftausend Jahren auf der Erde geherrscht haben, ein Ende haben. Jedes Spiel geht irgendwann zu Ende, wenn die Mitspieler entschieden haben, auszusteigen – in diesem Fall aus dem zwanghaften Wettbewerbsverhalten. Die Opfer des göttlichen Machtspiels erhalten ihre volle göttliche Kraft zurück und stehen dann nicht mehr als Opfer zur Verfügung. Was sicher ist: Die Entdeckung des eigenen Potenzials wird zur wahren und persönlichen Befreiung führen. Jeder von uns verfügt über die Macht der Selbstbestimmung, und es ist nun an der Zeit, sich dieser Macht wieder vollumfänglich bewusst zu sein.

Die Opfer-Täter-Mentalität könnte nun im großen Stil ihr Ende finden, wenn sich die Opfer entscheiden, keine Opfer mehr zu sein, und wenn die Täter erkennen, dass auch sie nur Opfer ihrer eigenen Emotionen und Ängste waren und sich zu bestimmten Taten gezwungen fühlten.

3

Planetarischer
Aufstieg der Erde

Der Planet Erde steigt von der 3. über die 4. in die 5. Dimension auf; er begibt sich also in eine höhere Schwingungsebene, in der ein neues »geistiges Klima« herrscht. Ein Umdenken und Neudenken ist unumgänglich.

Dieser Aufstieg kann nicht verhindert werden, auch wenn dies vielleicht einige Erdenbürger, die an der alten Macht festhalten wollen, versuchen. Diejenigen, die bis jetzt von der Angst der Menschen profitiert haben, werden mit der Zeit ihre Einnahmequellen verlieren, weil immer mehr Menschen Herr ihrer Ängste werden. Die Energie der Angst wird durch das Begreifen der Eigenmacht umgewandelt, und die dadurch frei werdende Energie wird zur bewussten Neugestaltung genutzt.

Die erhöhte Schwingung fordert jeden Einzelnen auf, seine niedrigen Schwingungen umzuwandeln. Das Gesetz der Resonanz macht dabei deutlich, welche Energien in uns wirken, sprich welche wir gespeichert haben, und welchen Kräften wir vor allem unsere Aufmerksamkeit schenken.

Der planetarische Bewusstseinswandel betrifft alle Menschen. Keiner kann diesem Prozess entgehen, doch jeder wird diesen Wandel persönlich und individuell erleben. »Dies ist eine Einladung, zu einer höheren Wirkungsebene aufzusteigen«, gemäß José Argüelles.

4

Ein Anheben der Schwingungsfrequenz

Seit knapp 40 Jahren schon findet deutlich spür- und sichtbar ein stetes Anheben der Schwingungsfrequenz auf der Erde statt. Dies hat dazu geführt, dass zunehmend auch von der breiten Masse der Bevölkerung Themen wie Bewusstseinsentwicklung, geistiges Heilen, die Schöpfungsmacht der eigenen Gedanken und Gefühle, Reformen in Religionsfragen, Buddhismus, gängige Religionsfragen (neue Glaubenskriege), Ufologie, Naturmedizin (Ayurveda, Homöopathie, Kinesiologie, Aura Soma, Bachblüten usw.), Klimawandel, Klimaschutz, ein Bewusstsein für Tiere oder globale Strategien angegangen werden. Früher waren diese Themen eher das alleinige Bedürfnis bewusster Menschen mit dem Bestreben nach individueller seelischer Entwicklung und Vervollkommnung. Nun sind diese Themen auch in der breiten Bevölkerung angekommen, und diese sucht darin ebenfalls nach mehr Freiheit und Erleichterung für ihr Leben.

Ich persönlich hatte mehrere Visionen, in denen mir gezeigt wurde, wie sich immer mehr Systeme innerhalb absehbarer Zeit auflösen werden, wenn diese ein Hindernis in der

Entwicklung der persönlichen Freiheit darstellen. Bereits vor knapp 40 Jahren arbeiteten zahlreiche bewusste Menschen an ihrer persönlichen Wesensentwicklung, sie schlossen sich weltweit zusammen und bildeten eine energetische Gemeinschaft, die Liebe, Frieden und Einheit in der gemeinsamen Meditation vertiefte, so dass diese Energien die Zustände auf der Erde stabilisieren und neu ausrichten konnten. Der Schrecken eines qualvollen Endes wurde bewusst in Heilszenarien umgewandelt, und das bewusste geistige Zusammenhalten führte dazu, dass das Projekt Erde weiterging. (Ich gehe zum besseren Verständnis später beim Thema »Bewusstsein« noch stärker auf diesen Aspekt ein.) Die positive Energie wird letztendlich von allen Menschen aufgenommen werden, weil nur diese Energie in Resonanz zu unserem inneren Wesen tritt. Denn im Wesen ist jeder Mensch göttlich, rein und allmächtig.

Jeder Mensch ist ein göttliches Wesen, das in der menschlichen Form die Erfahrung von Trennung macht und das nun aufgefordert ist, seine ursprüngliche Ganzheit und damit die wahre Freiheit wiederzuerlangen, um irgendwann zur Quelle zurückzukehren (Rückverbindung = religio). Durch das bewusste, positive, friedvolle Zusammenwirken vieler Menschen begann das Ende des Kalten Krieges, in Deutschland fiel die Mauer, die Sowjetunion löste sich in autonome Teile auf, die falsch verstandenen Formen des Kommunismus brachen und brechen zusammen und überall begann die alte Weltordnung zu bröckeln. Dieser Prozess hält an. An den Orten, an denen engstirnige Machthaber an der alten Struktur und an den alten Ritualen festhalten wollen, gibt es vermehrt Konflikte, die sich jedoch irgendwann auch auflösen werden, weil sich die Menschen nicht mehr durch Angst und Schrecken einschränken lassen. »Wir sind das Volk!« Diese friedliche Bewusstheit brachte Menschen dazu, sich zu vereinen und zu fordern, dass die Grenzen geöffnet werden. Weil sich immer mehr Menschen dazu entschlossen haben, Freiheit zu leben, fiel die Berliner Mauer, und der eiserne Vorhang musste geöffnet werden; heute sehen wir ähnliche Entwicklungen, wenn die Menschen gegen unwürdige Gesetze oder Impfzwang aufbegehren. Jeglicher Widerstand gegen die menschliche Freiheit ist zwecklos, weil sie letztendlich das Geburtsrecht jedes Menschen ist. Es geht nur darum, dies wirklich zu erkennen und in seinem ganzen Ausmaß zu begreifen.

Der Aufstieg ist in vollem Gange und kann von keinem Menschen aufgehalten oder gar verhindert werden. Je mehr Menschen den Wunsch nach Frieden haben, umso mehr wird Frieden im Alltag aller Menschen einkehren. Zusammen verändern wir die Welt an einem Tag. Viele der heutigen Machthaber (Politiker, Chefs, Leiter) halten ihre Macht nur dadurch aufrecht, dass sie die Untergebenen gegeneinander ausspielen, so dass diese sich misstrauisch und feindlich begegnen.

Doch die Systeme, die ihre Macht über die Angst aufrechterhalten, werden mit der Zeit in sich zusammenfallen, weil Angst eine sehr niedrige Frequenz hat und weil in der 5. Dimension andere Schwingungen *herr*schen. Es entsteht zusehends eine neue Wertebewusstheit, in der jeder Mensch seinen Wert in der Gemeinschaft haben wird. Man wird jeden schätzen und mit seinen Qualitäten an dem Platz würdigen, an dem seine Talente allen dienen. Diejenigen, denen die Führung anvertraut wird, leiten das Ganze immer weise und zum Wohle aller. – Damit dies eintreten kann, ist es wichtig, dass wir jetzt schon bestimmen, dass weise Menschen die Geschicke aller koordinieren. Der Wohlstand wird irgendwann für jeden Menschen eine Selbstverständlichkeit sein, und Gier, Neid und Missgunst lösen sich auf. Das Erkennen der wahren Werte führt auch zu äußerem Reichtum.

Dieser Prozess hat, wie gesagt, bereits 1987 verstärkt begonnen, und die daraus wachsende Energie wird die Lebenskraft und die Lebendigkeit der Erde noch verstärken. Man sagt, dass die Menschen mehr Herzensqualität zeigen und dass ihr Mitgefühl und ihre Herzensgüte für alle Lebewesen eine neue Lebensqualität erschaffen werden.

Diese Harmonisierung wird ihre Zeit dauern, denn es ist kaum anzunehmen, dass sich in ein paar Tagen das auflösen wird, was sich in Jahrhunderten gebildet hat. Es wird sicherlich noch einige Gewaltexzesse geben, doch die Menschen werden des Kämpfens müde werden, und die Liebe wird siegen. Je mehr Menschen sich Frieden wünschen, desto mehr Menschen werden sich diesem Grundbedürfnis anschließen. Mehr und mehr lösen sich sodann die alten Strukturen auf, und der neue Geist, gepaart mit echter Herzensgüte, wird eine neue Welt erschaffen, in der die Menschen in Liebe, Achtsamkeit und Respekt zusammenwirken.

Das morphogenetische Feld der Erde wird dementsprechend gespeist und erweitert, und die gedanklichen Informationen, die aus diesem Feld abgerufen werden, verwandeln sich in materielle Zustände. In spirituellen Kreisen spricht man vom sogenannten Lichtgitternetz, das den göttlichen Funken und das Wesenslicht in jedem Menschen entfacht und verstärkt. Man spricht von einem Wachstum der Menschen in das ewige Licht der Liebe Gottes.

5

Systeme:
Zwang oder Ordnung?

Jedes System muss irgendwann zusammenbrechen, wenn es die individuelle Schöpfungsmacht einzuschränken versucht. Wir können Systeme nutzen, um Ordnung in unsere gedanklichen und sozialen Abläufe zu bringen. Doch in der Regel sollen Systeme meist der Kontrolle dienen, und sie zwingen dem Individuum ein bestimmtes Verhalten auf. Je mehr Menschen in ihre Eigenverantwortlichkeit zurückfinden, umso weniger sind solche Systeme notwendig, da jeder im Sinne der natürlichen Ordnung handelt. Systematische Beschränkungen haben keine Zukunft, und so werden sich immer mehr Menschen dagegen auflehnen.

Politische Systeme verirren sich leicht in geistige Einseitigkeiten und erschaffen so Oppositionen. In der kommenden Zeit werden wir immer mehr erleben, wie diese Dinge zerfallen, die auf Lug und Trug aufgebaut sind. Die Scheinwahrscheinlichkeiten entpuppen sich als Illusionen, die wie Seifenblasen zerplatzen. Ich bin mir sicher, dass mit dem bewussten Erwachen der Menschheit und mit dem Einsetzen ihrer geistigen, vollumfänglichen Macht keine Führer mehr nötig sind, die über das Volk herrschen. Heute kann man noch beobachten, dass sich Menschen aus dem Volk von der Masse wählen lassen, um später selbstherrlich über »ihr Volk« zu herrschen, anstatt zum Wohle aller die Geschicke zu leiten. Dies geschieht, weil sich viele Minister nach ihrer Wahl nicht mehr zum allgemeinen Volk zählen und sich deswegen besondere Privilegien herausnehmen. Viele scheinen zu vergessen, dass sie Volksvertreter sind und nicht unbedingt besonders.

Leider wählen unsichere Menschen diejenigen Führer, die ihnen die größten Versprechungen machen und die ihnen vorgaukeln, sie selbst müssten nichts tun, sondern nur abwarten. Jeder, der selbst denken kann, merkt schnell, dass solche Versprechungen gar nicht eingehalten werden können. Doch gerade Menschen, die glauben, sie wären arm, geben ihre Verantwortung gerne ab, weil sie keine eigenen Werte zu haben glauben. Da kommt einer, der ihnen verspricht, alles besser zu machen und für sie zu sorgen. Das Einzige, was sie noch haben, ist ihre Stimme, also geben sie sie ihm, weil der zukünftige Regent große Versprechungen macht, um damit die Stimmen der Armen und Schwachen zur Ausübung seiner Macht zu erhalten. Nun hat er es geschafft, und bereits nach der Wahl distanziert er sich auch räumlich vom Volk. Man sperrt Straßen und Gebäude ab, nur weil ein Volksvertreter eine Rede halten will. Warum haben so viele Politiker Angst vor Attentaten? Ist es so, weil jeder Regent sich dauernd mit seinen Gegnern befasst?

In der neuen Zeit werden diejenigen die Geschicke des Volkes leiten, die über eine hohe geistige Ethik und Bewusstheit verfügen. Jeder von uns könnte – wie bereits gesagt – schon jetzt bestimmen, dass diejenigen die Geschicke aller leiten und koordinieren sollen, die über innere Weisheit und Größe verfügen.

6

Zeitempfinden / Schwingungs- & Frequenzerhöhung

Die Bedeutung unserer Zeit nimmt zu, weil Berechnungen, die auf dem natürlichen Rhythmus basieren, nun aufzeigen, dass wir den gegenwärtigen Rhythmus (die Kraft der Gegenwart) bewusst und verstärkt für unsere Schöpfungen nutzen können.

Das »Gesetz der Zeit« wird als eine Art Grundmusterschablone kosmischen Ausmaßes bezeichnet (siehe auch Rainer Berchtold, PAN-Germany); es wurde von José Argüelles wiederentdeckt. Dieses Gesetz besagt, dass die Impulse unseres Herzschlages auch den Herzschlag der Erde prägen. José Argüelles sprach von einem 13-Mondekalender, bei dem es um eine grundlegende Anpassung unserer Zeitmessung an kosmische Zyklen geht. Hier geht es um den Zahlenrhythmus von 13/20 (den schon verschiedene präkolumbische Völker nutzten) anstelle von 12/60 (männliches, rationales Denken). Einige dieser Völker werden auch als *die Zeitreisenden* bezeichnet.

Die Reise der Erde aus der 3. über die 4. in die 5. Dimension bedeutet für uns, dass sich unsere Gedanken und Gefühle viel schneller und direkter in materielle Formen verwandeln. Der Spiegel, der uns vorgehalten wird, lässt uns jede Kleinigkeit erkennen, und wir sind aufgefordert, uns selbst zu betrachten. Die äußeren Schwierigkeiten machen uns unsere Denk- und Gefühlsmuster deutlich und bringen uns dazu, durch die Selbsterkenntnis unser Denken und Fühlen neu auszurichten. Wir entwickeln uns vorwärts, das heißt, dass die Vergangenheit vergangen ist und dass nur im Jetzt bestimmt werden kann, was wir zukünftig erleben. Daher sind wir im Moment ganz besonders gefordert, unsere Emotionen und unsere Negativität in den Griff zu bekommen.

Dies gelingt uns dann, wenn wir die Vergangenheit akzeptieren und uns nun im Jetzt wahrnehmen. Die Vergangenheit ist in Ordnung, so wie sie einfach gewesen ist. Sie lässt sich weder verdrängen noch auflösen oder löschen. Auch wenn dies manchmal von bestimmten Therapeuten versprochen wird. Alles, was wir auflösen wollen, lehnen wir innerlich ab, und deswegen wird es weiterbestehen. Es geht darum, JETZT den Fokus neu auszurichten. Sind wir nun gereift und sind wir zu der Erkenntnis gelangt, dass wir uns etwas Besseres vorstellen können, als wir es uns in der Vergangenheit erlaubt haben, dann bestimmen wir durch diese Erkenntnis unser weiteres Erleben. Dazu ist es notwendig, dass wir unsere Vergangenheit weder als richtig noch als falsch beurteilen. Wenn wir sie vielmehr einfach als die Folge unserer inneren Haltung ansehen und wenn wir dadurch zu einer neuen Erkenntnis gelangen, dann hat sich alles gelohnt. Ändern wir nun unsere innere Haltung gemäß den neu gewonnenen Erkenntnissen, so verändern sich unsere Lebenssituationen entsprechend der neuen Geistes- und Gefühlshaltung.

In der 4./5. Dimension erfahren wir diese Bewusstseinsprozesse deutlich direkter und in kürzerer Zeit. In der 3. Dimension dauerten diese Verwirklichungsprozesse wesentlich länger, da die Energie fühlbar langsamer floss. Da dauerte es zum Teil 20 Jahre oder länger, bis sich unsere Gedanken in tatsächliche, konkrete Situationen verwandelten. Irgendwann traf ein, was man einst gewünscht oder befürchtet hatte – nur eben zu einem wesentlich späteren Zeitpunkt. Entweder war es dann nicht mehr passend oder es war irgendwie zu spät.

Wir befinden uns nur für relativ kurze Zeit in der 4. Dimension, die dazu dient zu lernen, uns nun verstärkt den Raum für selbstbestimmtes Denken und Fühlen zu nehmen. »Die Freiheit nehm' ich mir!« Es geht darum, dass wir unsere Freiheiten erkennen und nutzen und dass wir mit unserem Denken Raum einnehmen. Die selbstauferlegten Zwänge zeigen sich nun deutlich, und wir können uns fragen: Ist es wirklich der Sinn unseres Hierseins, dass wir uns andauernd Sorgen machen und ständig in Angst leben?

Als ich gebeten wurde, diese Erkenntnisse in Form eines Buches allen zugänglich zu machen, wurde mir klar, dass die 40 Monate, vom 20. August 2009 bis zum 1. Januar 2013 eine Art von »kosmischer Schwangerschaft« waren, in der wir – im vorhandenen Körper – unsere neue Identität bestimmten. Wir sollten nun diese »aufschwingenden Kräfte«

für unseren Aufschwung nutzen und uns die wahre Freiheit gönnen. In diesen 40 Monaten sollten wir uns ganz besonders bewusst und achtsam neu ausrichten und das, was wir wollen, überdenken und dieses allenfalls neu und selbstbewusst bestimmen. Besonders wichtig war es, dass wir unsere gesetzten Ziele überdachten und diese allenfalls neu ausrichteten. Es kann sein, dass sich die Grundlagen der angestrebten Ziele verändert haben.

Wollte man früher in erster Linie durch die Arbeit Geld verdienen, kann es nun sein, dass vor allem die eigenen Fähigkeiten wertvermehrend eingesetzt werden und dass dadurch automatisch die finanziellen Werte steigen. Die Tätigkeit hat immer zum Ziel, dass der Mensch seine Fähigkeiten zum Erschaffen, zum Produzieren, zur Bereinigung, zum Weiterentwickeln einsetzt. Die Arbeit bzw. die Tätigkeiten haben zum Ziel, den Wert der Seelen in der Tat zu erhöhen.

7

Weltuntergangswarnungen mit konkreten Zeitangaben

Wie stark wirkt die »sich selbst erfüllende Prophezeiung« im Großen?

Viele erwarteten zur Milleniumswende weltweit den Zusammenbruch der Computersysteme. Andere wiederum prophezeiten den Beginn des »Goldenen Zeitalters«. Doch das Jahr 2000 war nur in der Zeitrechnung des westlichen Kalendersystems von Bedeutung. Der islamische Kalender zählte das Jahr 1420, der jüdische das Jahr 5760, der buddhistische das Jahr 2541 und beim chinesischen Kalender sah es nochmals anders aus.

Es gab schon oft die verschiedensten Weltuntergangswarnungen, die nie auf die prophezeite Weise eingetroffen sind. Es gibt viele alte Kalender, die irgendwann enden und die von Forschern so gedeutet werden, als wäre mit deren Ende auch das Ende der Welt gemeint. Der Kalender in der Großen Pyramide von Gizeh endete beispielsweise mit dem Jahr 2001. Diese Pyramide war im Übrigen nie ein Grabmal, sondern ein Einweihungsheiligtum der Atlanter, deren letzte

Inseln des einst riesigen Reiches anscheinend im elften Jahrtausend unserer Zeitrechnung endgültig untergegangen sind.

Die Interpretation präkolumbischer Kalender wiederum deutete eine Bewusstseinserhöhung der Menschheit an. Dies könnte daran liegen, dass diese Kalender mit der Natur absolut im Einklang stehen. Der Maya-Kalender zum Beispiel orientiert sich – nach den Forschungen von Carl Johan Calleman – nicht an der Astronomie, sondern er bringt die Zeitqualitäten zum Ausdruck. Er ist von prophetischer Natur, und er stellt eine Entschlüsselung des göttlichen Zeitplans für die Entwicklung des menschlichen Bewusstseins dar. Diejenigen, die diesen Kalender erstellt haben, waren sich der zyklischen Natur des Kosmos bewusst, und mit den Sternen sowie durch Mond und Sonne fanden sie eine Möglichkeit, die Zeit exakt zu messen. Weltuntergangspropheten waren unterwegs, seit es die Welt gibt. Warum die Erde noch weiterbesteht und warum das befürchtete Ende nicht eingetreten ist, ist den bewussten Menschen zu verdanken, die den Weiterbestand und die Heilung der Erde mit ihren Gedanken und geistigen Kräften formulieren (siehe später auch die Ausführungen zur Macht und Wirkung des höheren Bewusstseins und die daraus erwachsenden Folgen).

8

Die Wiederauferstehung alter Kulturen?

Wird die Weisheit der Mayas, Azteken, Inkas und Atlanter wieder für alle nutzbar?

Die Menschheit hat viele Höhen und Tiefen erlebt. Viele hohe Kulturen sind entstanden – und irgendwann wieder untergegangen. Wir sind nun aufgefordert, darüber nachzudenken, warum. Warum brachen solche Kulturen – trotz hoher Weisheit – wieder in sich zusammen? Nun, irgendwann verließen die Weisen diese Ebene, weil es für sie nichts mehr zu tun gab und weil niemand mehr bereit war, sich weiterzuentwickeln. Dadurch sank das geistige Niveau im Volk, und mit der Zeit verschwand die Kultur, die einst Blüte und Wohlstand hervorgebracht hatte, weil die geistige Vorstellung nicht mehr vorhanden war.

Was ist von dieser Weisheit übrig geblieben, und wo wird die Weisheit der Aufgestiegenen Meister für die Nachkommen gespeichert? Alle Erkenntnisse sind im morphogenetischen Feld der Erde gespeichert und können von jedem Menschen, der nach Höherem strebt, abgerufen und für seinen Fortschritt genutzt werden. Die Mayas speicherten ihre Erkenntnisse überdies in Kristallschädeln. Wenn der Mensch nach innen schaut, ist er fähig, durch seinen inneren Kanal die Botschaften in diesen Kristallschädeln zu empfangen. Um den inneren Kanal wieder voll nutzen zu können, ist einfach Training notwendig. Jeder Mensch auf diesem Planeten ist dazu fähig, doch nicht jeder verfügt über die Ausdauer, seine hohen Fähigkeiten zu trainieren. Wenn geistige Faulheit und Bequemlichkeit im Vordergrund stehen, werden Opfer- und Tätermentalität weiterhin ein wesentliches Hindernis bilden.

Ich bin mir sicher, dass wir mittlerweile am Ende des materiellen Erfahrungsbereiches angelangt sind und dass nun vermehrt zuerst die inneren Werte zur Geltung kommen (müssen!). Wir entdecken unsere ursprüngliche Göttlichkeit und unsere eigentliche Identität wieder, während das Außen immer unwichtiger wird, denn nur im Inneren erschafft sich die Welt neu. Wir werden uns weiterhin an materiellen Formen erfreuen können, aber in der 5. Dimension werden wir die materiellen Kulissen, in denen wir unser Leben gestalten, bewusst und gezielt erschaffen, genießen und gegebenenfalls wieder auflösen. Die materiellen Zwänge werden mit der Entdeckung unserer eigenen vollen Schöpfungsmacht vollständig verschwinden. Der materielle Wettbewerb wird einem gesunden Ideenaustausch weichen, bei dem sich die Schöpfergötter zum Wohle des Ganzen gegenseitig inspirieren werden. Das Kräftemessen wird ein Ende haben.

Der zunehmende Materialismus hat zu einem ungesunden Ungleichgewicht geführt, das nun jedoch mehr und mehr wieder ausgeglichen wird. Dem Außen wurde mehr Aufmerksamkeit geschenkt als dem In*halt*. Diejenigen, die aus Angst von der Gier getrieben werden, werden wieder verlieren, was sie gierig zusammengerafft haben, denn die Verlustangst ist ihre Schöpfung, und so werden sie sich irgendwann wieder in diesem befürchteten Zustand finden, bis sie ihre Lektion gelernt haben, die sie sich selbst schaffen. Es wird unangenehme Situationen geben, die die Menschen wachrütteln, damit sie zur Besinnung kommen.

Vermehrt werden u. a. das alte Wissen und die Weisheit der Mayas und Inkas wieder erweckt, auch die Erinnerungen, Gefühle und Empfindungen der Menschheit werden neu aktiviert. Wir werden dabei von »höherer Seite« begleitet und unterstützt. In seinem Buch »Schlange des Lichts« beschreibt der Autor Drunvalo Melchizedek, wie sehr das gefühlsmäßige Kollektiv unser Weltgeschehen, unsere Beziehungen und unser aktives Zusammenwirken bestimmt. Die alten Tempel der Mayas und Inkas dienen heute als Mahnmal für die Geschehnisse in den alten Hochkulturen, und ein Grund, warum diese untergegangen sind, könnte, wie bereits gesagt, sein, dass diejenigen, die ihre Schöpfermacht voll erkannt hatten, sich befreit und die Erde verlassen hatten. Der Rest ist zurückgeblieben und musste lernen, sich selbst zu helfen. Nun befindet sich die Erde im Aufstieg in eine höhere Bewusstseinsebene, und so bleibt den Erdenbürgern keine Wahl: Sie müssen ihr Bewusstsein ebenfalls erhöhen. Wer das nicht will, der wird gehen müssen.

Durch die vermehrte Bewusstseinserweiterung vieler Menschen taucht, wie erwähnt, das alte Wissen wieder auf, so dass es immer mehr offenen, interessierten Menschen dient, damit diese ihre wahre Freiheit wiederentdecken und erleben können. Die Liebe und das Vertrauen in sich selbst sind auch hier der alles entscheidende Schlüssel. Die Botschaften erreichen uns von allen Seiten und in den unterschiedlichsten Arten. Wer offen und bereit dafür ist, dem wird sein Gefühl den Weg zu seiner inneren Mitte zeigen.

9

Naturkatastrophen: Mensch & Mitwelt

In den letzten Jahren hat es bereits einige große Naturkatastrophen gegeben und wahrscheinlich werden noch einige folgen müssen, weil viele nur dadurch lernen, mit den vorhandenen Ressourcen bewusst und achtsam umzugehen. Diese Katastrophen können jedoch durch bewusstes und achtsames Handeln jedes Einzelnen und durch das Beachten der Natur wesentlich abgeschwächt werden. Wir sind aufgefordert, unser Verhalten umzustellen. Jede Prophezeiung zeigt auf, was auf bestimmte Handlungen folgt und wo diese enden könnten. Im Rahmen der »selbst erfüllenden Prophezeiung« bestimmt jeder Einzelne das Geschehen von Natur und Umwelt mit, und so sind bewusst handelnde Menschen in der Lage, das Ganze so zu beeinflussen, dass diese weit verbreiteten Befürchtungen nicht in dem Ausmaß eintreffen – nichts ist in Stein gemeißelt! Jede allgemeine Befürchtung wirkt sich aber immer im persönlichen Bereich aus. Solange Profitgier die Handlungen bestimmt, werden Menschen ihre eigene Lebensgrundlage zerstören, weil sie nur kurzfristig denken. Doch ein Mensch mit negativen Absichten kreiert immer Zerstörung und Zerfall. Diese Mentalität wirkt sich auf Natur und Umwelt aus, und diese wird heftig darauf reagieren.

Erkennen Menschen ihre eigenen Werte nicht, so schätzen sie auch nicht die Werte, die ihnen von der Natur zur Verfügung gestellt werden. Menschen mit aktivierter Opfer-/Tätermentalität stumpfen gefühlsmäßig ab. Weil sie sich selbst nicht mehr spüren, spüren sie auch ihre Mitwelt nicht. Tiere werden als Ware behandelt und gnadenlos ausgebeutet, gequält, geschlachtet und mit Haut und Haar für seelenlosen Profit vermarktet. In der Landwirtschaft wird Monokultur betrieben, bis die Erde ausgelaugt ist, irgendwann »sauer reagiert« und nichts mehr hergibt. Es gibt bereits heute weltweit Gegenden, in denen nichts mehr wächst, weil man jahrzehntelang die Böden überdüngt und einseitig bepflanzt hat. Der größte Teil der Ernten wird für die Viehzucht und zur Produktion von riesigen Fleischbergen verbraucht, während große Teile der Menschheit verhungern, weil sie sich die Grundnahrungsmittel wie Reis, Weizen oder Soja nicht mehr leisten können.

Eine der größten Ursachen für die flächendeckende Umweltzerstörung auf diesem Planeten ist die Gier der Menschen nach Fleisch. Je mehr Fleisch ein Mensch isst, umso mehr wird er irgendwann zu einem »menschlichen Tier«. Man redet den Menschen ein, sie bräuchten Fleisch, um gesund und stark zu sein. Dabei ist der offensichtliche geistige, seelische und körperliche Zerfall deutlich zu erkennen. Mit Fleisch lässt sich allerdings mehr verdienen, und daher gibt es in der Mehrzahl der Restaurants vorwiegend Fleischgerichte. Sobald nur schon ein kleines Stückchen Fleisch oder Fisch auf dem Teller ist, vervielfacht sich der Preis, der zu zahlen ist. Alles, was auf Elend, Leiden und Zerstörung basiert, wird uns jedoch nicht gesund und vital erhalten. Wer andere zerstört, endet selbst in der Zerstörung. Das Gesetz von Ursache und Wirkung lässt sich nicht umgehen. Wer echten Umweltschutz betreiben und wirksam an einem »guten Klima« mitarbeiten will, der beginnt damit bei der täglichen Ernährung.

SARS, Vogelgrippe, Schweinegrippe, Rinderwahn und andere Krankheiten sind zunehmend Folgen dieses tierischen Missbrauchs. Irgendwann wird der Mensch seine verhängnisvolle Sucht erkennen und sich wandeln, da bin ich mir sicher, weil ich in allen die Weisheit sehe – doch noch nicht alle haben ihren Fokus darauf gerichtet.

Zunehmend wird jedoch die Erkenntnis in jedem Einzelnen greifen, und wir werden dadurch gemeinsam wieder eine natürliche Ordnung herstellen. Natürliche Gesundheit, natürliche Schönheit und dauerhafter Frieden werden sich immer mehr und sichtbar manifestieren. Je mehr Menschen sich mit diesem Gedankengut vereinen, umso wirkungsvoller zeigen sich die entsprechenden Resultate. Wir anerkennen das Recht auf das Leben aller Lebewesen, insbesondere auch das der Tiere, wir anerkennen das Recht auf reine Luft, wir anerkennen das Recht auf sauberes Wasser, wir anerkennen das Recht auf gesunde Nahrung, wir anerkennen das Recht auf ein Stück Land, wir anerkennen und wertschätzen uns als individuelle Teile eines großen Ganzen. Jeder darf so sein, wie er ist.

10

Seelenwanderung und Inkarnationsstufen

Die Seele ist ein großes Ganzes. Sie teilt sich in mehrere Teile (zwischen drei bis max. neun) auf, wenn sie die Wahl trifft, in die Ebene der Polarität einzutreten; die verschiedenen Seelenteile bezeichne ich hier als Seelengeschwister. Nun inkarnieren ein oder auch mal zwei Seelenteile in die physische Wirklichkeit. Die anderen Teile bleiben in der »geistigen Welt« und begleiten unsichtbar ihre Seelengeschwister im Wachstumsprozess auf der Erde.

Der inkarnierte Teil nimmt sich vor, bestimmte Erfahrungen zu durchleben, die den Wert der Seele im Ganzen erweitern. Durch die Inkarnationen in die Physis schafft sich die Seele die Möglichkeiten, Erfahrungen zu machen, die nur in der Beschränktheit der Materie möglich sind. Sie erweitert dadurch ihre Erfahrung der göttlichen Schöpfung und All-Macht, weil sie jeden Teil der göttlichen Schöpfung selbst erfährt.

Durch das Eintreten in die physische Realität erfahren wir jedoch ein Gefühl von Trennung und Spaltung, und wir haben dauernd das Gefühl, nicht ganz zu sein. Beim Eintreten in die physische Wirklichkeit gehen wir nämlich über die Schwelle des Vergessens. Unsere Erinnerung an das, was wir im ursprünglichen Ganzen sind, lässt nach, und wir werden in eine Rolle geboren, aus der wir uns im Verlaufe des Lebens wieder befreien sollten, wie ein Schauspieler, der eine Rolle (Funktion) in einem Theaterstück (Thematik) spielt und sich damit zwar voll identifiziert, aber der nach seinem Auftritt wieder in seine wahre Persönlichkeit zurückkehrt. In der Ebene der Polarität empfinden wir das Zweigeteiltsein, und wir streben andauernd nach Einheit, nach VerEINigung, nach einig sein; für kurze Momente (z. B. Sexualität) ist dies möglich, doch nicht wirklich und auf Dauer. Irgendwie haben wir, wie gesagt, das Gefühl, wir wären nicht ganz, uns würden wesentliche Teile fehlen, denn die Trennung von den Seelengeschwistern bestimmt zeitweise das Empfinden von Einsamkeit und All-Ein-Sein. Das »Hohe Selbst« ist eine Überseele, die darüber wacht, dass sich die Seelenteile nicht in der Welt der Trennung verlieren und dass diese wieder in die Einheit zurückfinden. Sind alle Inkarnationsstufen durchlaufen, »schmilzt die Seele wieder zu einer Einheit« zusammen (kymische Hochzeit).

Es gibt verschiedene Inkarnationsstufen, die auch als »Seelenalter« bezeichnet werden. Sehr häufig hört man Menschen sagen »Ich bin eine alte Seele« oder »Der ist noch eine junge Seele«. Es gibt einfach Seelen, die bereits viele Inkarnationen in der physischen Welt durchlebt haben, und es gibt solche, die erst am Anfang der Inkarnationserfahrungsreihe stehen.

Ein Inkarnationsstatus kann 100 und mehr Inkarnationen dauern, weil der Lernprozess langsam vor sich geht und weil jede Seele das Tempo selbst bestimmt. Hier gibt es keine

Norm. Es gibt durchaus eifrige Seelen, die gewisse Prozesse schneller durchlaufen, doch alles braucht seine Zeit, gerade in den Ebenen der Beschränktheit. Mit dem Wechsel in eine neue Inkarnationstufe entdeckt man immer mehr der ursprünglichen *Voll-Macht*.

Nachfolgend habe ich die verschiedenen Inkarnationsstadien aufgelistet:

Babyseele

Babyseelen stehen ganz am Anfang ihres Inkarnationszyklus. Sie sind zuvor noch nie in der materiellen Welt gewesen. Babyseelen inkarnieren in Familienverbänden, in denen ihnen während ihres gesamten Hierseins Geborgenheit gegeben wird, und sie leben in Umständen, in denen möglichst für sie gesorgt wird. Sie brauchen Anlehnung, Betreuung und Schutz und sind alleine hilflos. Dementsprechend suchen sie sich Menschen aus, auf die sie sich verlassen können. Sie leben in Familienverbänden und brauchen das kollektive Miteinander für ihre Weiterentwicklung.

Kindseele

Diese Seelen sind neugierig und wollen überall zusehen und dabei sein. Ihr größter Wunsch ist es, einfach dazuzugehören und möglichst viel aufzunehmen, zu lernen, zu spielen und beschützt, begleitet und motiviert zu werden. Sie scheuen sich vor allzu großer Verantwortung und vor großen beruflichen Herausforderungen. Sie wollen lernen, aber sie sind sich in der Umsetzung des Gelernten eher unsicher. Kindseelen werden für das, was sie tun, nicht zur Rechenschaft gezogen, weil sie das entsprechende Wissen noch nicht haben. Sie werden immer von der Gemeinschaft betreut und durch sie abgesichert.

Teenagerseele

Teenagerseelen wollen unbedingt eigene Erfahrungen machen und lassen sich nichts mehr sagen. Sie wollen mit dem Kopf durch die Wand und lehnen gute Ratschläge ab. Sie begeben sich oft in Situationen, die verboten oder zumindest grenzwertig sind. Sie halten sich oft nicht an die allgemeinen Regeln und wollen die vorhandenen Strukturen einreißen. Sie sind sehr risikobereit, dabei aber leicht kopflos und chaotisch. Kein Objekt ist ihnen zu schwer, zu teuer, zu groß oder zu gefährlich. Sie lieben das Abenteuer und streben danach, andere mit ihren Leistungen, ihrem Verhalten und ihrem Besitz zu beeindrucken. Sie messen sich mit anderen und streben danach, die Besten zu sein. Angeben und protzen ist ein typisches Verhalten von Teenagerseelen.

Geht etwas schief, sind grundsätzlich die anderen schuld. Die Teenagerseele verfügt kaum über innere Sicherheiten und ist oft nicht bereit, Verantwortung für ihr Leben zu übernehmen. Die mangelnde innere Sicherheit und der mangelnde Selbstwert führen dazu, dass sich Teenagerseelen mit äußerer Pracht und Luxus schmücken. Um diese äußere Macht aufrechtzuerhalten und um andere zu beeindrucken, kommt es häufig vor, dass Teenager-seelen kriminell werden und sich gewaltsam Anerkennung verschaffen. Durch ihre Handlungen schaden sie sich selbst, weil sie die Folgen ihres Tuns oft nicht abschätzen können. In den Inkarnationen als Teenagerseele machen wir die Erfahrungen von Mord und Totschlag und anderen Gewaltakten. Sie kämpfen, wie erwähnt, um Anerkennung und wollen andere mit ihrem Tun beeindrucken – auf die eine oder andere Art und Weise. Sie wollen Macht über andere haben und lassen sich leicht provozieren und zu unüberlegten Handlungen hinreißen. Teenagerseelen su-chen sich Gruppen, in denen sie ihresgleichen treffen. Sie bilden Gruppen, um gegen andere Gruppen vorzuge-hen (Bandentum, Kriegsspiele). 80 Prozent aller Berichte in den Medien handeln von Taten der Teenagerseelen (Unglücksfälle, Gewaltexzesse, Verbrechen, Skandale, High-Society-Events, Lifestyle, Glamour, Shows, Süchte, Drogen, Extremsportarten usw.). Teenagerseelen wollen Aufmerksamkeit und ein möglichst großes Publikum. Am Ende des Teenagerseelenzyklus fällt man oft in ein großes Trauma, das dazu führt, dass man vernünftig und einsichtig wird.

Erwachsene Seele

Im Stadium der erwachsenen Seele beginnt man, sich per-sönlich mehr auszurichten. Die Vernunft nimmt mehr Raum ein. Man wählt und entscheidet sich für einen indi-viduellen Weg. Die Zielsetzung basiert nun mehr und mehr auf den inneren Bedürfnissen und ist nicht ausschließlich auf den äußeren Wohlstand ausgerichtet. Erwachsene Seelen sind nun bereit, Verantwortung zu übernehmen, und sie beginnen mit der Betreuung der schwächeren und ärmeren Mitmenschen. Sehr häufig arbeiten sie für Teenagerseelen – als Betreuer, als Bedienstete, als Sozialarbeiter. Erwachsene Seelen helfen in den Bereichen, in denen Teenagerseelen »ihr Unwesen« treiben.

Sie bilden sich weiter, weil sie nun wachsen und reifen wollen. Erwachsene Seelen beugen sich noch sehr der gesellschaftlichen Ordnung und versuchen, die Werte der Gesellschaft weiterzutragen. Sie achten auf die vorhandenen Traditionen. Dies könnte mit der Zeit zum Hindernis werden, weil man Traditionen pflegt, deren eigentliche Bedeutung man nicht mehr wirklich kennt. Eine individuelle Betrachtungsweise muss hier zuerst erlernt und dann immer wieder trainiert werden.

Reife Seele

Reife Seelen gehen ihren eigenen Weg und schließen sich nicht mehr der Meinung der Allgemeinheit an. Sie folgen nicht mehr Massentrends, sondern leben auch für andere sichtbar nach ihren eigenen, persönlichen Grundsätzen. Sie tolerieren das Tun der anderen, gehen aber unbeirrt ihren Weg und leben nach ihren inneren Werten und Vorstellungen. Sie stehen auch öffentlich zu ihrer eigenen Sichtweise und geben ihre Erkenntnisse mit der Zeit gezielt an die Gesellschaft weiter, wodurch sie mithelfen, dass in der Masse zumindest im Ansatz ein Umdenken stattfinden kann. Reife Seelen wirken beruhigend und anregend auf die Masse, fördern die Individualität und gehen dabei als Vorbild voran.

Meisterseele

Meisterseelen sind dabei, ihren Inkarnationszyklus zu beenden. Sie wählen meist Lebensumstände, die nicht ganz einfach sind und die sie in der Tat zwingen, sich auf ihren inneren Meister zu besinnen. Sie überwinden sehr häufig schwierige Lebensumstände (Schicksal) und zeigen dadurch, dass alles möglich ist. Sie regen somit auch bei den anderen Seelenstufen die Erinnerung an die wahre Macht an. Meisterseelen wählen demnach bewusst selten einfache Lebenssituationen, denn sie sind sich ihrer inneren Kraft bewusst und wollen diese Welt mit ihrer Kraft verbessern, sie wollen das Licht in jedem Einzelnen wieder entzünden. Sie leben selten in einfachen Umständen, sondern man findet Meisterseelen in allen Krisensituationen. Meisterseelen bekommen keine Hilfe in ihren Situationen, indem man ihnen etwas abnimmt, jedoch bekommen sie immer alle wichtigen Informationen, die sie brauchen, um die vorhandenen Situationen im besten Sinn zu wandeln bzw. zu meistern.

Meisterseelen übernehmen immer Verantwortung für das, was ihnen geschieht, und sie erkennen, dass die äußere Welt bloß ein Spiegel ihrer inneren Vorstellungen ist. Sie lösen sich von der Vorstellung von Gut und Böse und beginnen, die Ereignisse wertfrei zu betrachten. Es ist nichts mehr gut oder schlecht, sondern alles ist, wie es ist.

Eine Meisterseele erkennt auch den Status der anderen Seelen, und sie begreift, dass bestimmte Erfahrungen und Prozesse wichtig sind, auch wenn diese vielleicht schmerzvoll und brutal erscheinen. Sie erkennt die göttliche Vollkommenheit und erkennt das Spiel der Seelen, in dem sie sich erfahren, sie erkennt, wie die Seelen durch ihre Erfahrungen bis zur Selbsterkenntnis reifen.

Einen Meister erkennt man daran, dass er sich seiner Situation stellt, dass er nicht jammert und ausweicht, sondern sich Rat holt und dann mit eigener Kraft die jeweilige Situation in eine bessere verwandelt.

Meisterseelen-Kinder lassen sich von den Erwachsenen nicht wirklich viel sagen, wenn diese das, was sie predigen, nicht selbst leben. Meisterseelen lernen auch nicht gerne Dinge, die sie nicht wirklich brauchen und die ihnen sinnlos vorkommen. Sie verweigern sich deshalb bestimmten Lernzielen, die in den Schulen unüberlegt verfolgt werden. Daher haben Meisterseelen oft große Reibungspunkte mit den weltlichen Lehrern, die den Kindern Wissen aufzwingen wollen, das für sie persönlich keinen Sinn macht. Sie verweigern sich geistigen Manipulationen und bringen das ganze System ins Wanken. Meisterseelen-Kinder lieben es zudem überhaupt nicht, wenn man ihnen alles vorsagt und ihnen alles abnehmen will oder wenn man sich Sorgen um sie macht. In solchen Situationen reagieren sie meist heftig bis aggressiv. Viele Kinder haben hier oft keine andere Wahl, als sich mit Geschrei und deutlicher Abwehr gegen die Zwänge der ängstlichen Erwachsenen zu wehren. Weil man ihnen ein

Leben aufzwingen will, reagieren sie heftig und zwingen die Erwachsenen, an ihren eigenen Grenzen zu arbeiten. Meisterseelen-Kinder wollen Dinge selbst tun und erlauben nur, dass man ihnen die entsprechenden Informationen zur Verfügung stellt – um sie dann aber selbst handeln zu lassen.

Reife Seelen und Meisterseelen wollen die Dinge selbst in die Hand nehmen. Sie sind sich ihrer Macht immer mehr bewusst und lenken damit die Geschicke ihres Daseins. Sie erkennen, dass alles ihrer eigenen Wahl entspricht und dass in jeder Situation eine Chance liegt zu wachsen. Reife Seelen und Meisterseelen entwickeln sich sehr viel schneller, als die Seelen in den unteren Stadien. Sie streben schon früh die Eigenständigkeit an und durchlaufen die Phasen der Kindheit schnell und zügig. Die Kindheit ist dabei oft eine große Herausforderung, wenn Meisterseelen Eltern gewählt haben, die noch sehr unbewusst sind und die nun erwachen müssen.

Meisterseelen tragen die Aufgabe in sich, andere Seelen weiterzubringen und diese auf ihre innere Macht aufmerksam zu machen. Achtung! Bedauern Sie niemanden mehr, sondern verneigen Sie sich innerlich vor Menschen mit schwierigen Situationen, indem Sie denken: ›Ich bewundere dich dafür, dass du dir selbst eine so große Aufgabe gestellt hast. Du hast die Kraft, alles zu schaffen, was du dir ausgesucht hast.‹ Dadurch anerkennen Sie den wahren Geist und die wahre Göttlichkeit in jedem Menschen, und es wird ihre eigene Göttlichkeit mehr nach außen bringen. Mitleid und sich sorgen sind Haltungen, die den großen Geist in jedem Menschen be*leid*igen. Indem wir sagen »es tut mir leid«, machen wir nur deutlich, dass wir selbst ein Problem haben und dass es wichtig wäre, nun die eigene Haltung umzustellen.

Die seit den 80er-Jahren geborenen Kinder haben mehr oder weniger alle den Status von erwachsenen, reifen und Meisterseelen. Seit dem Jahr 2000 sind nur noch reife und Meisterseelen für die Erde zugelassen. Die noch auf diesem Planeten lebenden Teenagerseelen werden jetzt erwachsen werden müssen, ansonsten werden sie in schwierige Umstände geraten, in denen sie ihr Leben aufgeben werden, weil sie nicht mehr damit umgehen können. Fällt die äußere Fassade von Teenagerseelen in sich zusammen, dann sehen viele nur noch die Möglichkeit, durch Selbstmord oder durch eine andere gewaltsame Art diese Welt zu verlassen.

Die jeweiligen Zyklen können, wie weiter oben bereits erwähnt, Hunderte von Inkarnationen dauern, denn es ist nicht gesagt, dass man in jeder Inkarnation wirklich entscheidende Schritte macht. Je nachdem, welche Mitwelt man sich ausgesucht hat, kann sich eine Seele gut oder nur schlecht entwickeln und ihre Persönlichkeit entfalten. Die Art der Mitwelt bestimmt in der Kindheit, inwieweit sich das persönliche Wesen des Kindes entfalten kann. Daher rebellieren Kinder oftmals gegen die Ängste der Erwachsenen, weil diese damit das Wesentliche einschränken und behindern. Jeder Seelenzyklus wird in jedem Erdenleben wieder kurz durchlaufen: Zuerst ist man ein Baby, dann Kind, dann Teenager, dann erwachsen, dann reif, dann hoffentlich ein Meister des Daseins.

Der Aufstieg der Erde und die damit verbundenen Möglichkeiten bieten jeder Seele nun die Chance auf einen Fortschritt, für den man normalerweise ca. 40 Inkarnationen brauchen würde. Jetzt auf dem Planeten Erde zu inkarnieren ist der Wunsch vieler Seelen, weil dieses Ereignis eines planetarischen Aufstiegs sehr selten ist und weil dadurch ganz spezielle Erfahrungen gemacht werden können.

Es gibt aber auch viele Seelen auf dieser Erde, die müde und ausgelaugt sind, die ihre Kräfte verbraucht haben und die sich wünschen, sie müssten nicht mehr weitermachen. Sie haben resigniert und geben sich auf. In einem solchen Fall holt die Seele ihre abgesandten Teile zurück, wenn diese nicht mehr weiterlernen wollen, es sei denn, es handelt sich um eine Meisterseele. Diese werden höchstwahrscheinlich in jedem Fall weitermachen, selbst wenn ihre Lebensumstände äußerst schwierig sind. Sie sind in der Lage, auch in schwierigen Situationen ihre verborgenen Kräfte wieder zu aktivieren. In den größten Schwierigkeiten zeigen sich die höchsten Kräfte, und Wunder sind dann irgendwie selbstverständlich.

Immer wenn wir schlafen, kehren wir in die Seelenebene zurück. Dabei erholen wir uns, wir werden mit Informationen ausgestattet, die uns helfen, unser Seelenziel zu verstehen und zu verwirklichen. Bevor wir einschlafen, können wir darum bitten, Klarheit über eine bestimmte Situation zu bekommen, und wir können darum bitten, dass wir die Weisheit und die Kraft haben, auch unangenehme und schmerzvolle Situationen zu meistern. Sie könnten wie folgt vorgehen:

»Ich bitte darum zu wissen, warum ich in dieser Situation bin, warum ich in dieser Beziehung bin und was es für mich zu begreifen gilt. Ich bitte um die Weisheit und die Kraft, diese Situation zu meistern. Ich will es schaffen. Ich will erreichen, was ich mir als seelische Herausforderung gewählt habe. Ich bitte um die Hilfe meiner Seelengeschwister und um die Hilfe meines Hohen Selbstes!«

Sie werden staunen: Am Morgen, wenn Sie aufwachen, werden Sie sich stark und motiviert fühlen, und die Dinge werden Ihnen sicher und leichter von der Hand gehen. Der Wunsch, alles aufzugeben oder sich sofort zu trennen, wird vielleicht ganz weg sein. Sie können immer um Hilfe bitten, und Sie werden immer Hilfe bekommen!

Immer wenn wir uns gewaltsam aus einer Beziehung verabschieden wollen, immer, wenn wir aus Situationen flüchten wollen, haben wir noch nicht begriffen, dass durch Trennung und Flucht das vorhandene Thema nicht wirklich gelöst ist. Wenn wir einfach unseren Weg – Schritt für Schritt – gehen und das tun, was wir in uns fühlen, dann sind wir auf dem Weg der Befreiung. Alles, was dann nicht mehr mit unserem inneren Wesen übereinstimmt, wird sich von uns lösen. Ein Meister trennt sich nie von bestimmten Menschen, sondern er bleibt bei sich selbst – und was dieser Selbstbestimmung nicht entspricht, wird sich von selbst lösen und gehen.

Eine kleine Anekdote: Ein Meister unterrichtet eine Gruppe von Schülern und bringt sie dazu, sich selbst zu erkennen. Unter diesen Schülern ist einer, der den Meister dauernd an-

greift, ihn kritisiert und herausfordert. Geduldig, aber be-
stimmt begegnet der Meister diesem Schüler. Unerwartet
stirbt dieser Schüler, und der Meister und seine Schüler gehen
zur Beerdigung. Der Meister weint bitterlich am Grab seines
kritischen Schülers. Die anderen treuen Schüler sind ganz
verwirrt und fragen den Meister: »Meister, warum weinst du
denn um diesen Schüler, der dir doch das Leben immer so
schwer gemacht hat?« Der Meister antwortete: »Ich weine
nicht um den Schüler, denn dieser ist nun an einem Ort, an
dem es ihm gut geht und an dem es ihm an nichts mangelt.
Ich weine nur um meine verlorenen Chancen, noch stärker
zu wachsen.«

11

Das große Erwachen der Menschheit

Die Energie auf der Erde steigt nun stetig an. Dieser Aufstieg fordert von uns geistige, gefühlsmäßige und körperliche Veränderungen. Wir müssen uns auf das Klima der neuen Ebene ausrichten, andernfalls wird man diese hohe Energie nicht aushalten können. Stellen wir uns vor, wir müssten morgen auf den Gipfel des Himalaya steigen und dort leben. Ein solcher Aufstieg erfordert mentale Stärke, ein sicheres Gefühl und eine starke, körperliche Verfassung. Die Zeit läuft schneller und schneller. Alles ist in Bewegung, die Dinge verändern sich in Windeseile. Durch diese laufende Energieerhöhung werden auch vermehrt die niedrigen Energien in uns geweckt, damit wir diese wandeln. Es kann sein, dass man zeitweise große Müdigkeit verspürt, es können sich körperliche Unpässlichkeiten zeigen, es könnten sich kurzzeitig Sehstörungen ergeben oder häufig treten vermehrt Gedächtnisprobleme auf. Dies sind Anzeichen für die energetischen Umstellungen. Daher sollten wir uns darüber nicht allzu große Sorgen machen, sondern uns immer wieder neu zentrieren. Es zeigen sich auf der körperlichen Ebene zudem immer mehr Funktionsstörungen, die ihre Ursachen zu mindestens 80 Prozent in der schlechten Ernährung haben. Künstliche und denaturierte Nahrungsmittel mit Geschmacksverstärkern belasten unseren Körper und stören seine natürliche Funktionsweise. – Die Energieerhöhung zeigt sich auch darin, dass die verdrängten Probleme, Aggressionen und Ängste nun hervorbrechen, damit wir diese im bewussten Sinn umwandeln und uns selbstbewusst be*herr*schen. In den zwischenmenschlichen Beziehungen (Partnerschaft, Familie, Freundeskreis, Mitarbeiter, Kundschaft) werden die unterdrückten Spannungen besonders stark hervortreten.

Bewusstsein im eigenen Denken, das Erkennen der eigenen Gefühle und eine gesunde Ernährung sind Themen, die sich nicht mehr beiseiteschieben lassen. Irgendwann sind wir nicht mehr die Opfer unbeherrschter Emotionen, mit denen wir uns selbst das Leben schwer machen und mit denen wir unser eigenes Glück und unsere eigene Freiheit sabotieren. Oberflächlich gesehen scheint es, als würden zurzeit die Probleme insgesamt zunehmen. Doch in Wahrheit taucht jetzt einfach alles »Niedere« aus seiner Versenkung auf, weil es der höheren Schwingung nicht entspricht. Alle verdrängten Schatten (Probleme) treten »ans Licht«. Die Menschen sind gefordert, ihre Schattenseiten im Licht des Bewusstseins zu wandeln. Die Wahrheit befreit und gibt uns unsere Leichtigkeit zurück. In den Nachrichten wird zum großen Teil nur über negative Dinge berichtet, und man hat den Eindruck, als würden in unserer Welt nur noch Mord und Totschlag, Unglücksfälle und Verbrechen, Korruption, Betrug, Arbeitslosigkeit und der Zerfall von Zivilisiertheit und Anstand herrschen. Wir sind nun ganz besonders gefordert, darauf zu achten, wem wir unsere Kraft schenken und auf was wir unser Augenmerk richten.

Ein gewisser Prozentsatz der Menschheit ist nun bereit und gewillt, sich selbstbestimmt zu ändern, sich zu wandeln sowie sich zu befreien – und er tut es bereits. Denjenigen, die noch weitere, tiefer gehende Erfahrungen im Materiellen machen wollen, wird dies in einem entsprechenden Schwingungsraum gestattet. Diese verlassen den Planeten und inkarnieren erneut in Ebenen der 3. Dimension. Die Erde gehört nicht mehr dazu. Wir sind dabei, im Sinne der Schöpfung in die Einheit zu kommen. Die meisten Menschen werden irgendwann einen Bewusstseinswandel zulassen, wenn sie genug gelitten haben. Die auftretenden Probleme und Schmerzen sind eine Aufforderung an sich selbst, die da lautet: »Gönne dir selbst ein Leben in Liebe, Lust und Freude!«

Diejenigen, die bereits im Bewusstsein erwacht sind, sollten gegenüber all den Katastrophenmeldungen eine neutralisierende Haltung einnehmen. Wahre Freiheit fordert die Überwindung der Polarität. Ich schicke jeweils Frieden, Liebe, Erkenntnis, Weisheit, Gesundheit, Freude, Freiheit und Leichtigkeit in diese Situationen, anstatt mich über die Schlechtigkeit der Menschheit zu ärgern und diese schlechten Geschehnisse mit Kritik und Ablehnung nur noch weiter zu nähren. Mit einer ablehnenden Haltung würde ich letztendlich nur mir selbst schaden, weil ich durch die ablehnenden Gedanken solche schlechten Ereignisse selbst anziehen würde, und der Verbesserung der Welt würde ich auch nicht wirklich dienen. Eigenliebe ist ein wesentlicher Universalschlüssel zu unserem Glück. Eigenliebe bedeutet: Ich tue alles, was mir Freude und Zufriedenheit gibt.

12

Mems und andere Speichermedien

Kollektives Bewusstsein – Weltenbild – Formgebung

Was sind Meme? Was ist ein Memplex?

Der Begriff »Mem« wurde vom Evolutionsbiologen Richard Dawkins 1976 geprägt. Dawkins hat herausgefunden, dass, analog zur biologischen Evolution, welche auf der Vererbung von Genen basiert, seit dem Auftreten des Menschen auch eine kulturelle Evolution stattfindet. Diese basiert auf denselben einfachen Grundprinzipien wie die biologische Evolution (Replikation = Vervielfältigung, Variation = Mutation / Veränderung, Selektion = Auswahl). Dawkins revolutionäre Ansicht besteht darin, dass er Evolution im Wesentlichen als einen Informationswettkampf bezeichnet. Die menschliche DNA wird weitergegeben und dadurch maximiert und erweitert. Die ganze Schöpfung ist ein einziger Evolutions- und Entwicklungsprozess. In der 5.

Dimension dehnt sich die Schöpfung nun deutlich sichtbar aus. Es entstehen neue Welten.

Was sind nun aber Meme? Es sind z. B. Werkzeuge, Wörter, Sprache, Sitten, Gebräuche, Religionen, Moden, Trends, Produkte, Software, Ideen, Konzepte usw. Man kann letztendlich alles dazu zählen, was imitiert, kopiert und vervielfältigt werden kann und was sich eventuell weiterentwickelt. Einige besonders erfolgreiche Meme sind Autos, Handys, Zigaretten, Computer, Windows. Der Erfolg eines Mems hängt maßgeblich davon ab, wie viel Aufmerksamkeit es bekommt und wie gut es sich durchsetzen kann.

Wem wir unsere Aufmerksamkeit schenken, dem geben wir Energie. Neben dem praktischen Nutzen pflegen wir vor allem die Meme, die schon immer für unser Überleben und für unsere Fortpflanzung wichtig waren (Nahrung / Essen, Sexualität, Gefahr, Gewalt). Wesentliche Erfolgsfaktoren für Meme sind Brisanz und Aktualität.

Ein Beispiel: Memplex 2012

Um ihren Erfolg zu mehren, können sich Meme auch zu komplexen Ansammlungen zusammenschließen. Beim Phänomen 2012 trafen mehrere Meme zusammen: Maya-Kalender, galaktische Synchronisation, Photonenring, Magnetfeldabnahme, Sonnenstürme, 5. Dimension, Prophezeiungen usw. Es ist wichtig, dass wir unsere geistigen und gefühlsmäßigen Kräfte weiterhin auf die Erweiterung unserer DNA fokussieren und dass wir unseren Lichtkörper weiter stärken. Der Memplex 2012 war ein Gemisch aus vermeintlicher Wissenschaft und Fiktion, das durch Kopieren, Dazuinterpretieren und Weitererzählen ständig wuchs. Es schien so, als hätte die Katastrophenvariante mehr Aufmerksamkeit bekommen, weil Menschen besonders für Katastrophenszenarien offen zu sein schienen. Dies sah man an den unzähligen Kinofilmen, in denen die Apokalypse in allen Varianten dargestellt wurde.

Meme oder Memplexe können innerhalb kürzester Zeit eine enorme Kraft entwickeln und einiges in Bewegung setzen, je nachdem, wie viele diese nähren. Wenn diese Meme die Wahrheit vertiefen und das Wesentliche ansprechen, könnte sich ihre Wirkung langsam und stetig auf alle Menschen ausbreiten und deren Weiterentwicklung unterstützen.

13

»Gedächtnis der Natur« / morphogenetische Felder

Bedeutung und Wirkung

Der Begriff »morphogenetische Felder« oder auch »morphische Felder« wurde durch den englischen Biologen und Biochemiker Prof. Rupert Sheldrake bekannt. Diese Felder sind wissenschaftlich anerkannt und ihre Bedeutung ist unumstritten. Sheldrake bezeichnet sie als »Gedächtnis der Natur«.

Durch seine Forschungstätigkeit zum Thema Evolution der Pflanzen beschäftigte sich Rupert Sheldrake mit dem Thema, wie sich Pflanzen entwickeln und wie sie ihre Form annehmen. Er forschte nach und wollte wissen, wie sich einfache Embryonen zur charakteristischen Form ihrer Art entwickeln. Wie nehmen die Blätter von Bäumen, Rosen und Palmen ihre Form an? Wie entwickeln sich ihre Blüten auf so unterschiedliche Weise? All diese Fragen haben mit dem zu tun, was die Biologen Morphogenese nennen, nämlich die Entstehung von Form (griech. morphé (= Form) und génesis (= Erzeugung, Entstehen)).

Für mich sind morphogenetische Felder eine Art von Gemeinschaftsgedächtnis, aus dem jeder schöpft und sich das herausnimmt, was ihn persönlich interessiert. Man könnte sie durchaus als »seelische Felder« bezeichnen, aus denen sich eine Art informiert und organisiert.

Rupert Sheldrake bezeichnet sie auch als Wahrscheinlichkeitsstrukturen, deren organisierender Einfluss Wahrscheinlichkeitscharakter besitzt. Es ist eine Art von Informationspool aller gegebenen Möglichkeiten, und was aus diesem Pool herausgeholt wird, wird höchstwahrscheinlich sichtbare Realität.

Um die Entstehung der Materie zu erklären, greift man auf die Begriffe »Energie« und »Feld« zurück. Prof. Sheldrake hat seine wissenschaftlichen Erkenntnisse in verschiedenen Büchern veröffentlicht. Der Hund, der am Gartentor wartet, obwohl sein Frauchen viel früher heimkommt als sonst, die Katze, die unauffindbar ist, obwohl sie doch an nichts ablesen konnte, dass sie zum Tierarzt gebracht werden soll – Tiere, die in der Gemeinschaft mit uns Menschen leben, haben oft ein unglaubliches Gespür für Dinge, die in der unmittelbaren Zukunft liegen. Gerade Hunde sind in der Lage, die Gedanken ihres Herrchens oder Frauchens aufzunehmen, im Guten und im Schlechten können ihre Verhaltensweisen, ihr Gemüt, ihr Wesen und ihre körperliche Verfassung vom Halter und seinen Gedanken mit beeinflusst werden. Prof. Sheldrake befasste sich viele Jahrzehnte mit diesem Wahrnehmungsvermögen zwischen den Arten (*Der siebte Sinn der Tiere*, Scherz Verlag). Er erbrachte Beweise darüber, dass viele

Hunde und Katzen wie auch andere Haustiere die Absichten von Menschen aufnehmen können, die etliche Kilometer von ihnen entfernt sind. Sie reagieren besonders auf die Menschen, zu denen sie die tiefste, emotionale Bindung haben. Normalerweise bleiben diese Bindungen innerhalb einer Gattung fixiert, das morphische Feld beinhaltet Formgebung, Wahrnehmung, Entwicklung und Erinnerung der jeweiligen Gattung. Da wir Menschen zu unseren Haustieren eine tiefe, gefühlsmäßige Bindung aufnehmen und diese in unser Haus und in unsere Umgebung aufnehmen und einbeziehen, verschwinden die Grenzen der Felder jedoch, und wir schöpfen sozusagen aus dem gleichen Topf.

Die einfachste Übertragung findet trotzdem immer zwischen den Arten selbst statt. Es geht um Lerninhalte, die innerhalb einer Gattung weitergegeben werden, obwohl deren Mitglieder räumlich getrennt sind. Viele kennen das Beispiel mit den Affen: Lernt eine Affengruppe in Afrika, eine Frucht mit einem Stein aufzuschlagen, so kann dies – fast zur gleichen Zeit – auch eine nicht verwandte Affengruppe in Asien, obwohl diese Tiere nichts miteinander zu tun haben – außer: Sie gehören derselben Gattung an, also demselben morphogenetischen Feld. Von solchen Lernschritten gibt es inzwischen unzählige Studien. So beobachtete man über viele Jahre in England heimische Singvögel, die gelernt hatten, die Deckel der Milchflaschen aufzupicken, sobald diese vor der Haustüre abgestellt worden waren. Dieses wurde fast zeitgleich in mehreren Regionen Englands beobachtet. Was verblüffend daran ist: Ein paar Jahre später wurden die Verpackungen der Milchflaschen geändert. Die Flaschen wurden durch Plastik ersetzt, einen Deckel gab es nicht mehr, und die Vögel suchten sich eine andere Nahrungsquelle. Die Generationen, die noch Milchflaschendeckel aufpicken konnten, starben aus. Jahre später wurden die Flaschen mit Deckel allerdings erneut eingeführt. Es dauerte nur eine kurze Zeit, und sie wurden von den Vögeln erneut entdeckt und als Nahrungsquelle erkannt – und zwar in viel kürzerer Zeit als damals bei den ersten Vögeln, die diese Technik entwickelt hatten. Darüber gibt es gesicherte Aufzeichnungen.

Wissenschaftler kamen zu dem Schluss, dass die neuen Vogelgenerationen über altes Wissen verfügten und sofort »wussten«, was diese Milchflaschen vor der Tür für Vorteile für sie hatten. Dieses Wissen ist in den morphischen Feldern gespeichert und kann bei Bedarf von den Mitgliedern der Gattung abgerufen werden. Bei beiden Beispielen spielt die Bindung zum Menschen keine Rolle, dieses Verhalten zielt einzig darauf ab, die eigene Existenz und die der Nachkommen zu sichern.

Experiment mit Pam und Hund Jaytee

Pam bekam die Anweisung, zu den unterschiedlichsten Zeiten aus dem Haus zu gehen, ihren Hund wie gewohnt bei ihren Eltern zu lassen und niemandem über ihre Rückkehr Bescheid zu sagen. Eine Gruppe des Teams begleitete Pam mit einer Videokamera, die andere Gruppe blieb – ebenfalls mit einer Kamera bestückt – zu Hause bei dem Hund. Sheldrake wollte unbedingt sicher sein, dass alle anderen Möglichkeiten, die nicht auf Gedankenübertragung zurückzuführen waren, ausgeschlossen wurden. Er erschwerte das Experiment, indem er Pam mit den verschiedensten Transportfahrzeugen (PKW, Taxi, Bus, im Auto von Freunden) nach Hause fahren ließ. Eine weitere Erschwernis war, dass Pam selbst nie wusste, wann sie heimfahren sollte; sie bekam die Info kurzfristig und zu den unterschiedlichsten Zeiten. Auch wusste keiner von ihrer Familie Bescheid.

Das Ergebnis war bemerkenswert, und mithilfe der Videoaufnahmen ließ sich Jaytees Verhalten detailliert und genau beobachten: Praktisch in der ganzen Zeit, in der Pam ausgegangen war, lang Jaytee ziemlich ruhig zu Füßen von Pams Mutter. In der Filmzusammenfassung wurden beide Aufnahmen exakt synchron auf dem geteilten Bildschirm gezeigt – Pam auf der einen Seite, Jaytee auf der anderen. Erfuhr Pam vom »Außenteam«, dass sie nach Hause fahren sollte, zeigte Jaytee fast im selben Moment Anzeichen von Wachsamkeit, er spitzte die Ohren und wurde unruhig. Nur wenige Sekunden, nachdem Pam gesagt worden war, sie solle heimfahren, und als sie auf dem Weg zum Taxistand war, erhob sich Jaytee von seinem Platz und ging zum Garagentor, um sich dort erwartungsvoll hinzusetzen. Während Pams Heimfahrt blieb er die ganze Zeit dort sitzen. In 85 von 100 Fällen reagierte Jaytee auf diese Weise. Die übrigen 15-mal blieb er im Haus liegen, doch wie es sich herausstellte, war das immer dann der Fall, wenn Pams Vater anwesend war. Der Hund hatte Angst vor ihm und blieb liegen. Dieser einschränkende Reiz war wohl stärker.

Telepathische Rufe und Befehle

Sheldrakes Forschungen wurden ausgedehnt. Die nachfolgende Geschichte zeigt die Kommunikation zwischen Mensch und Tier und spielt in Australien.

Ein Farmer hatte viele Jahre große Probleme, seine Viehweiden gegenüber den heimischen Kängurus zu verteidigen. Sie fraßen ihm nachts die Weidegründe leer, und je mehr Kängurus er abschoss oder durch Gift erlegte, desto mehr erschienen auf der Bildfläche. Er wusste sich keinen Rat mehr. Nun war dieser Farmer durchaus ein Tierfreund, er wollte nichts lieber, als friedlich mit seiner Umwelt und den darin befindlichen Tieren leben. Ihm war bewusst, dass nicht die Kängurus, sondern er mit seinem Vieh der Eindringling war und dass die Kängurus ein Urrecht an diesem Land hatten. Diese Erkenntnis veranlasste ihn zu einem außergewöhnlichen, fast mystischen Schritt. Er traf eine »Vereinbarung« mit den Tieren, sozusagen einen Waffenstillstand – und zwar auf telepathische Art.

Eines Morgens fuhr er zu den wilden Hügeln, hielt knapp vor einer Baumgruppe und bereitete sich auf den ersten Kommunikationsversuch vor, wobei er sich ziemlich blöd vorkam. Obwohl es ihm verrückt erschien, sprach er laut und deutlich in seinem Inneren die Bitte aus: »Ich weiß nicht, ob ihr Kängurus mich hören könnt, aber ich biete euch ein Abkommen an, das die Bedürfnisse beider Seiten deckt. Ich bitte euch, unsere Weiden nicht mehr abzugrasen. Als Gegenleistung werde ich dafür sorgen, dass niemand mehr auf euch schießt, und solange ich die Weiden bewirtschafte, stelle ich einen Teil meiner Weiden zur Verfügung. Da ich begriffen habe, dass ich dieses Land mit euch teilen muss, werde ich auf einen Teil der Ländereien verzichten. Nehmt aber nur so viel, dass es für mein Vieh auch noch reicht.« Seinen Nachbarn teilte er mit, dass die Abschüsse auf seinem Land verboten sind. Innerhalb kurzer Zeit hatten sich seine Weiden erholt. Das Gras wurde dick und saftig, und es reichte fortan für alle seine Kühe. Der Kängurubestand ging auf ein normales Maß zurück.

Nun könnte man dabei an einen Zufall glauben. Aber in den Aufzeichnungen wurde noch eine Besonderheit vermerkt: Nach ein paar Jahren zog der Farmer in einen anderen Landstrich, sein Nachfolger aber hatte nach kurzer Zeit wieder eine Känguruplage zu verzeichnen. – Sheldrake ist davon überzeugt, dass es möglich ist, den Wildtieren unsere Intentionen mitzuteilen und ein Abkommen mit ihnen zu schließen, das beiden Seiten zum Wohle gereicht.

Diese Vereinbarungen mit wild lebenden Tieren sind nicht auf bestimmte Orte beschränkt. Sie wirken auch in unseren heimischen Gärten. Wir sollten diese Möglichkeit nutzen, um auf diese Weise mit Lebewesen zu kommunizieren, die wir als Eindringlinge und als lästig empfinden. Rehe, Mäuse, Ratten, Maulwürfe, Schnecken, Zecken, Mücken, Fliegen, Wespen, Ameisen und all die anderen Wesen sind vielleicht nur zur Plage geworden, weil wir ihnen ihren Lebensraum streitig machen. Wir sind nun einmal nicht alleine auf dieser Welt. Gift und Köder vermehren langfristig die Plage, und wir schaden uns mit dem verstreuten Gift auch noch selbst.

Jeder Gedanke hat seine eigene Schwingung (Wellen-länge). Harmonisierende Gedanken verbreiten eine für alle spürbar angenehme Atmosphäre. Negative, zerstörerische Gedanken schlagen dagegen im wahrsten Sinne des Wortes aus. Zum besseren Verständnis könnten Sie an die Ausschläge beim Lügendetektor denken. Durch unsere telepathischen Fähigkeiten sind wir in der Lage, Gedanken bewusst aufzunehmen und wieder auszusenden, und jeder Mensch verfügt über telepathische Fähigkeiten, doch nicht jeder hat diese trainiert. Verfeinern und trainieren Sie Ihre telepathischen Fähigkeiten!

Menschen, die auf der gleichen Wellenlänge sind, haben oft gleichzeitig die gleichen Gedanken, die sie meist auch noch gleichzeitig äußern. Wer seine eigenen Gedanken nicht beherrscht, wird von den Gedanken, die in der Atmosphäre »herumschwirren«, irritiert oder beeinflusst.

Frieden, Harmonie und Liebe in unseren Herzen sind Absichten und helfen uns, unsere »gezüchteten Ängste« zu entlarven, und sie machen uns den Weg frei, so dass wir das Unmögliche auf wundersame Weise möglich machen können. Achtsamkeit und Aufmerksamkeit sind die Grundlagen für Fairness und für den gesunden Ausgleich.

14

Das morphogenetische Feld der Erde

Die Erde ist umgeben von einem morphogenetischen Feld. In diesem Informationsfeld werden alle Gedanken und Geisteshaltungen der Menschen und aller Lebewesen der Erde gespeichert und gleichzeitig auch wieder angeregt. Durch unsere Gedanken erweitert sich dieser Informationspool ständig, aus diesem Informationsfeld speisen sich sozusagen die Ideen der Menschen. Unsere Gedanken und Wünsche sind Bestellungen an den Kosmos. Alles, was wir aus dem morphogenetischen Feld »herausholen«, materialisiert sich, d. h., wir speisen unsere materielle Realität durch die Ideen aus dem morphogenetischen Feld.

Was uns inspiriert und gedanklich anregt, das bestimmen wir durch unsere eigene Geisteshaltung, denn diese zieht das ihr Entsprechende an. Ist unsere Geisteshaltung eher negativ ausgerichtet, so sind wir für weitere negative Denkweisen und Lebenshaltungen offen, und deshalb ziehen wir verstärkt Zustände des Leids an; ist unsere Grundhaltung positiv, so ziehen wir verstärkt aufbauende, stärkende Impulse und geniale Ideen an. – Achtung! Wie steht es mit Ihnen?

Nehmen Sie zuerst das Gute und Schöne wahr, oder fällt Ihnen zuerst der Mangel auf? Jeder wählt mit seiner Grundhaltung aus dem morphogenetischen Feld, was er für sich haben will. Man könnte das morphogenetische Feld als eine Art »geistige Speisekarte« sehen, aus der wir auswählen, was wir in unserer Realität haben und erleben wollen. Unsere täglichen Erlebnisse sind dementsprechend »nahrhaft«. Richten wir z. B. unsere innere Haltung auf unsere ganzheitliche Freiheit aus, so ziehen wir immer mehr befreiende Erkenntnisse an, die wir praktisch und materiell zu unserem Wohlbefinden umsetzen können.

Das morphogenetische Feld, das alle Gedanken aller Wesen enthält, wird in jedem Moment erneut von den Gedanken, Gefühlen und Emotionen aller Menschen gespeist, und daraus entwickelt sich das soziale Leben der Menschen auf der Erde. – Was merken wir uns? Was behalten wir in unserem Gedächtnis? Was können wir nicht vergessen? Wie betrachten wir die täglichen Ereignisse? Was halten wir von uns selbst? Gemäß unserer inneren Haltung findet eine zusätzliche Inspiration von außen statt. Wir werden in unserem Weltbild gestärkt und bestätigt.

Durch die bewussten Eingaben, die wir im morphogenetischen Feld platzieren, ist es möglich, dass auf der ganzen Welt urplötzlich Menschen gleichzeitig zur gleichen Einsicht kommen. Es ist schon merkwürdig festzustellen, dass Menschen ewige Zeiten ohne Telefon ausgekommen sind, doch dann meldeten die Erfinder Alexander Graham Bell und Elisha Gray genau am gleichen Tag, nämlich am 14.2.1878, ihr Telefon zum Patent an. Wie kommt es zu diesem *Zu*fall? Eigentlich hat jeder Mensch den genau gleichen Zugang zu allen Informationen, doch nicht jeder nutzt diese Informationsquelle bewusst. Dazu wäre es wichtig, dass man sich persönlich auf ein Ziel ausgerichtet hat, um dann die entsprechenden Informationen abzurufen.

Die vielen Autoren und Erfinder, die ihre Daten mit einem Copyright belegen, haben Angst, jemand könnte ihnen ihre »einmalige Genialität« streitig machen. Wenn wir uns allerdings bewusst sind, dass wir immer wieder neue geniale Ideen für unsere Lebensleichtigkeit aus diesem Feld abrufen können, dann geben wir die aufgenommenen Ideen zum Wohle aller weiter, und wir freuen uns einfach darüber, dass diese Erkenntnisse dienen und die Werte anderer ebenfalls fördern. Mir selbst ist es schon oft passiert, dass ich Botschaften weitergegeben habe, und dann hat man mir erzählt, dass man etwas Ähnliches auch schon einmal gelesen hatte. Es gibt Menschen, die übernehmen Ideen und Gedanken im Rahmen ihrer telepathischen Fähigkeiten direkt von anderen und kopieren diese bloß. Der schöpferische Mensch bezieht seine Ideen direkt aus dem morphogenetischen Feld. Das Original wird immer das Original bleiben, eine Kopie hat auch die Energie einer Kopie, und darin liegt die wesentliche Wahrheit und Ausstrahlung.

Je bewusster ein Mensch ist, umso stärker wirken seine Gedanken und Gefühle im morphogenetischen Informationspool. Negative Gedanken sind Energien, die relativ schwach sind und daher dauernd geschürt werden müssen. Würden wir die negativen Gedanken nicht ständig betonen und wiederholen, sie würden sich fast von selbst auflösen, da sie in sich kaum wesentliche Kräfte bergen. Im Wesen sind alle göttlich und vollkommen, und negative Gedanken entsprechen nicht wirklich unserem inneren Wesen. Würden diese also nicht dauernd aufgeladen werden, so würden sie sich einfach in Luft auflösen. Doch in den täglichen Nachrichten bringt man zu jeder Stunde die gleichen negativen Schlagzeilen, um die Negativität möglichst aufrechtzuerhalten.

Auf diese Weise schwächt sich jeder Mensch selbst. Ärgert sich ein Mensch beispielsweise, so sagt man: »Er hat schwach reagiert.« Regt man nun dauernd die weit verbreiteten Ängste der Masse an, so kann man deren Schwächen für die eigenen Zwecke nutzen. Angst schwächt, Sorgenmachen schwächt, Kompromisse schwächen. Selbst Menschen mit den besten Absichten werden schwach, wenn sie sich durch die Angst steuern lassen, und mit ihr werden immer noch die größten Geschäfte (Banken, Versicherungen, religiöse und weltliche Systeme) gemacht. Doch jeder Profit, der auf der Basis von Angst entstanden ist, wird sich durch andere Ängste wieder in Luft auflösen, indem z. B. in anderen Bereichen neue Kosten entstehen. Angst kann nur neue Angst schaffen, aus Mangel wird auch nur wieder Mangel entstehen, egal, wie positiv man zu denken versucht. Durch die täglichen Nachrichten, durch Filme und Literatur werden Ängste und Sorgen im Unterbewusstsein verankert, und mit der Zeit bestimmen diese unser Verhalten. Überall sieht man nur noch Schläger, Banden, Diebe und Betrüger, und je mehr man diese fürchtet, umso eher begegnet man ihnen in der Realität. Nur indem wir uns diesen Mechanismus bewusst machen, können wir gegensteuern und uns neu auf Kurs bringen.

Wir geben also selbst immer wieder Informationen in das morphogenetische Feld, und wir lassen uns auch laufend durch die vorhandenen Informationen inspirieren. Daher ist es durchaus möglich, dass gleichzeitig mehrere Menschen auf der Welt die gleichen Ideen haben und diese umsetzen. Jeder hat Zugang zu allen Informationen, doch nicht jeder traut es sich zu und hält es für möglich. So schafft sich jeder seine Realität und bestimmt dadurch seine Möglichkeiten und Chancen, die er nutzen kann.

Jede Information, die Sie durch sich selbst erkennen, wird zu Ihrem Wissen, und durch Ihr gesamtes Selbst bekommen Ihre Erkenntnisse eine eigene, nie kopierbare Originalität. In Wahrheit gibt es nichts Vergleichbares, jedes Teil ist ein Original. Kopien entstehen durch hirnloses Nachäffen. Jedes Ding entlarvt sich ohnehin durch die Energie, die es ausstrahlt. Wachsen Sie weiter in Ihrer Originalität, indem Sie bestimmen: **»Ich will meine Originalität voll und ganz erkennen, leben und weiter steigern!«**

15

Finanz- oder Sklavensystem

Geld und die Entwicklung der Finanzsysteme

In den meisten Gesellschaften wird das Augenmerk vor allem auf die Finanzkraft und auf die Anhäufung von materiellen Gütern gerichtet. Es gilt als erstrebenswert, möglichst viel materiellen Wohlstand für sich zu sichern. Der Masse wird äußerst werbewirksam suggeriert, ihre materiellen Wünsche zu befriedigen, und die materiellen Bedürfnisse werden laufend angeregt. Die Werbung flüstert den Menschen ein, was ein besseres Leben verspricht und was den persönlichen Wert gegenüber den anderen aufwerten könnte. Die Leidenschaft und die Sucht, das Schönste und Kostbarste zu besitzen, wird ständig und überall angeregt. In der Gier hortet man Schätze, um damit das scheinbare Überlegenheitsgefühl zu nähren, das aber letztendlich unstillbar bleibt. Scheinwerte sollen die vorhandenen Minderwerte ausgleichen. Das äußere Haben soll den inneren Mangel wettmachen. Jeder will mehr haben, oder man will das haben, was die anderen nicht haben können.

Derjenige, der mehr besitzt, gilt als besonders wertvoll und wird um seinen Besitz beneidet. Er wird bewundert, und gleichzeitig erfährt er auch Missgunst von der Seite derjenigen, die es nicht geschafft haben. Der fehlende *Selbst-Wert* soll durch materielle Werte ersetzt werden. Der äußere Schein muss stimmen. Markenprodukte sollen dem Besitzer das Gefühl vermitteln, er wäre etwas ganz Besonderes, und er hebt sich durch das erworbene Produkt von der gewöhnlichen Masse ab. Man gaukelt den Menschen vor, dass einzig materielle Güter ihre Herzenswünsche erfüllen können und dass nur die Menschen Anerkennung für ihre Taten und Werke bekommen, die sich dem Besitz an materiellen Gütern verschreiben.

Auf diese Weise steuern die menschlichen Herrscher ihre Untergebenen und halten sie arbeitsam und gefügig. Je mehr Bedürftigkeit da ist, umso stärker ist der Zwang zu leisten. Die Erwirtschaftung materieller Güter dient dabei allein dem Zugewinn einiger weniger, die ihren Gewinn jedoch nicht für göttliche, kosmische Zwecke (Wesensbildung, geistige Entwicklung) nutzen, sondern nur zur weiteren Verstärkung ihres menschlichen Einflusses und ihrer materiellen Macht.

Neid, Habgier, Missgunst und die ständige Sucht nach noch mehr Macht führen dazu, dass Machthaber die Nutzung der materiellen Güter weiterhin für sich selbst einsetzen, um das gemeine Volk konstant durch Unwissenheit und Gehorsam »unten« zu halten. Regierungen tun viel für die

»*Unter*haltung« ihres Volkes, ganz nach dem Motto »Gebt dem Volk Brot und Spiele!« Der freie Geist des Menschen wird durch dieses Verhalten ständig unterdrückt, und verschiedene Machthaber tun fast alles, damit die Masse nicht aus ihrer Unterdrückung herausfindet. – Unser größtes Problem ist das Problem der Mächtigen, die den Kontakt zur Mit-/Umwelt verloren haben, die sich nur um ihr eigenes Wohl kümmern, die seit Generationen materiell verwöhnt sind, die das Fußvolk mit Geld (Lohnpolitik) unter Kontrolle halten, die das »gemeine Volk« mit allen ihnen zur Verfügung stehenden Mitteln »hinters Licht« (Verbreitung von falschen Behauptungen) führen, ja, die sogar zu ihrem Vorteil das Blut des Volkes vergießen, indem sie Kriege anzetteln und die Terrorangst schüren. Kurz zusammengefasst könnte man dieses Theater mit »Die Mächtigen und ihre Bauernopfer« betiteln.

Mit der Energieerhöhung werden solche niederen Machenschaften offensichtlich und klar sowie unmissverständlich ans Licht kommen. Die große Masse der Menschheit beginnt langsam, aus ihrem Albtraum zu erwachen. Sie macht allmählich die Augen auf und kann zuerst gar nicht glauben, was sie zu sehen bekommt. In der Angst, ihre Macht zu verlieren, schüren die Mächtigen weiter Zukunftsängste. Selbst Wissenschaftler stellen Behauptungen auf, die sich letztendlich als falsch oder zumindest als irrtümlich erweisen. Man bekommt suggeriert, man könne das Leben jetzt nicht genießen, weil man sich um die spätere Zukunft sorgen müsse: »Wer jetzt nicht genug hat, wird auch später nicht genug haben.« Die Hoffnung auf ein besseres Leben in der Zukunft treibt die Menschen dazu an, unter ständigem Druck Leistung zu erbringen und sich ständig zu beweisen. Der materielle Wettbewerb macht aus Menschen Sklaven, die sich durch ihre Leistungen ständig das Überleben sichern wollen. Sie glauben, dass die Freiheit in der Zukunft liegt. Wir leben, um zu arbeiten und vergeuden unsere besten Kräfte, weil die Arbeit ein Zwang und keine wirkliche Freude ist. Verstärkt zeigen sich Symptome wie Burn-out und Depressionen (Gegendruck), die eine Folge von Überforderung und innerer Leistungsverweigerung sind.

Doch die Bedeutung der Arbeit wird sich stark verändern, wenn jeder Mensch einfach mit Freude das tut, was er am besten kann, was ihm Spaß macht und was ihm zudem finanzielle Werte einbringt. Nun ist die Zeit gekommen, in der den menschlichen Völkern der Erde ihre Verblendung bewusst gemacht wird, damit jeder Einzelne seine Frequenz erhöhen und seinen freien Geist wieder für seine Fülle nutzen kann. Jeder einzelne Mensch ist nun aufgefordert, seine Grundeinstellung zu überprüfen und die Wirkung der wichtigen kosmischen Gesetze zu verinnerlichen, damit sich die einseitigen Machtstrukturen auflösen und jeder im Wohlstand leben kann.

Gerade das wahre *SELBST-WERT-BEWUSST-SEIN* zieht dauerhafte Werte an. Wer sich selbst nichts wert ist, der wird seine Werte vergeuden, verlieren und verarmen. Wer seine geistigen Werte allerdings zu schätzen weiß, den wird man dafür schätzen und ihn auch finanziell gut belohnen. »Ich bin es mir selbst wert!« Leider schätzen sich viele Menschen selbst nicht, und so werden sie bloß entschädigt. Ob man für seine Arbeit »entschädigt« oder »belohnt« wird, macht aber bereits den feinen Unterschied aus. Für wen *lohnt* sich die Arbeit? Fühlen Sie sich als Angestellter, dann erhalten Sie sehr wahrscheinlich ein mehr oder weniger geringes Ge-*halt*. Ein bewusster Mitarbeiter weiß, dass er ein wichtiger Teil eines zusammenwirkenden Ganzen ist, und er weiß, dass auch der kleinste Teil wichtig ist, damit alles reibungslos funktioniert. Er strahlt seinen Wert mit Stolz aus.

Wollen die Menschen nun aus dem finanziellen Desaster herausfinden, so müssen die verankerten Denkmuster, die sich im Zusammenhang mit den vorhandenen Finanzsystememen gebildet haben, dringend geändert werden. Der Mensch mit seinen schöpferischen Fähigkeiten (denken & fühlen) wirkt mit seinem emotionalen Einfluss auf die Gestaltung der Materie ein. Gerade im Zusammenhang mit Geld sind die negativen Emotionen sehr verbreitet (Existenzangst, Zukunftsangst, Altersabsicherung, Krankheit, Abhängigkeit, Ohnmacht, Sklavenbewusstsein, Verlustangst usw.), und sie werden laufend weiter angefacht. Wer Geld braucht, ist wie ein Sklave, der dauernd arbeitet, aber nie genug hat, um in Freiheit zu sein. In Verbindung mit dem Thema Geld empfinden jedoch leider viele Menschen Not und Bedürftigkeit, und aus diesem Grund bleiben sie bedürftig und haben ständig »dringend Geld nötig«.

Die allgemeine Masse kann es sich nicht vorstellen, dass ihre Geldmangel-Erfahrung mit ihrer inneren Angst, Sucht und Einstellung verknüpft ist. Das persönliche Denk- und Fühlprogramm erschafft die finanziellen und materiellen Strukturen und Lebenszustände. Die Machthaber wissen um diese Wirkung, und sie schüren daher diese Ängste fortlaufend, um die Masse an ihre Süchte zu binden und diese so besser für ihre eigenen Machtzwecke missbrauchen zu können. Ein Mensch, der in Angst lebt, dem kann man leicht drohen, und man verbreitet Schreckensnachrichten, die dann auch noch keiner wirklich auf ihren Wahrheitsgehalt hin überprüft.

Die Ängste und Süchte – gerade in Bezug auf die finanziellen Systeme – sind Machtmittel, die die größte Abhängigkeit erschaffen. Das moderne Sklaventum führt dazu, dass die Menschen bis zum Tod arbeiten und nie genug Geld haben, um endlich frei ihr Leben zu genießen.

Durch den Erwerb und durch das ständige Anhäufen materieller Güter, nehmen Menschen an, sie könnten sich damit ihre Sehnsüchte und Wünsche erfüllen. Aus diesem Denken heraus strebt der Mensch danach, mit seiner Arbeit genügend finanziellen Reichtum zu bekommen, um seine Träume und Wünsche zu verwirklichen. Man strebt danach, Geld auf die Seite zu legen oder, viel schlimmer, zu sparen, damit man irgendwann so leben kann, wie man es sich erträumt. Das Genießen und die Freude werden auf später verschoben, denn im Jetzt ist keine Zeit dafür. Viele sind aber irgendwann alt und von der vielen Arbeit verbraucht, und nun können sie ihre angehäuften Werte auch wieder nicht genießen, weil sie durch ihre krankheitsanfälligen Körper immer mehr ans Haus und ans Bett gefesselt sind. Wenn wir jung sind, sind wir nicht alt genug, um reich zu sein. Wenn wir alt sind, sind wir nicht mehr jung genug, um das Leben mit Spaß und Leichtigkeit zu genießen. Wie paradox!

Durch die Abgabe von Steuern werden die Menschen zur gemeinnützigen Haltung gezwungen. Die Steuergelder werden aber zu großen Teilen nicht für den gemeinsamen Wohlstand eingesetzt, sondern mit einem großen Teil werden neue Mängel geschaffen (gewisse Ziele im Sozialdienst), und ein Teil wird in die Entwicklung und in den Bau von Waffen investiert, die nur darauf abzielen, die Macht weiter zu sichern.

Die Abgabe von Steuern und die Verteuerung von Produkten durch die Steuern schüren in den Menschen zudem immer mehr Existenz- und Verlustängste (Wertezerfall, Ruin, Arbeitslosigkeit), während ihnen gleichzeitig suggeriert wird, dass Geld materielle Sicherheit bietet. Doch auch dies ist trügerisch, denn die materiellen Güter haben immer nur so viel Wert, wie wir ihnen beimessen.

Jeder von uns hat die Macht, die Geschicke im Großen und Ganzen mitzubestimmen. Ich bestimme beim Bezahlen meiner Steuern immer Folgendes und empfehle Ihnen, dies auch so zu tun. Denken Sie daran, WIR sind die Macht.

»Ich bestimme hiermit, dass meine von mir geleisteten Steuergelder, also meine finanziellen Werte, die ich durch die Steuern an die Allgemeinheit leiste, ausschließlich dem Gemeinwohl dienen, und sie werden nur zur Erhaltung der gemeinnützigen Institutionen, der öffentlichen Ordnung (Sauberkeit), der Schulbildung, der gesunden Umwelt, der Infrastruktur für eine optimale Lebensqualität (Straßen, Parks, Freizeiträume), für sauberes Wasser, für sauberen Strom, für die Erhaltung eines ökologischen Gleichgewichts, für das Gemeinschaftsgefühl, für Kultur sowie für soziale Hilfe zur Selbsthilfe eingesetzt. Mein

finanzieller Beitrag ist für die echte Wertevermehrung und Werterhaltung bestimmt.«

Je mehr Menschen dies so handhaben, umso schneller wird diese Bestimmung Realität. Bewusste Menschen verfügen über viel mehr Macht, und ihre Energie ist um ein Vielfaches stärker. Nutzen Sie Ihre Selbstbestimmung, seien Sie sich Ihrer eigenen Macht bewusst und setzen Sie diese weise und gezielt ein. Empfehlen Sie diese Erkenntnisse weiter, so dass sie möglichst allen zum Wohl gereichen.

Die Angst vor dem Alter wird ständig von den mächtigen Systemen genährt (Altersvorsorge, soziale Ausgrenzung, Krankheit, Altersbeschwerden). Viele tragen bereits Horrorvisionen in sich, in denen sie sich vorstellen, verarmt, abgeschoben und krank in einem Alters- und Pflegeheim einsam auf den Tod zu warten. Die Versicherungssysteme bauen ihre Produkte auf der Angst um die Sicherheit in der Zukunft und im Alter auf. Geld soll auch hier emotionale Sicherheit vermitteln.

Es gibt viele Menschen, die eigentlich viel Geld auf die Seite gelegt haben, sich aber dennoch »leicht« und sofort vorstellen können, ihr Geld könnte irgendwann »weg sein«. Und so behalten sie das Geld ängstlich bei sich und haben täglich Angst vor Betrug und Verlust. Sie hoffen zwar, dass ihre Befürchtungen nicht wahr werden, aber irgendwie stellen sie sich doch auf diese Möglichkeit ein. Eine solche Verlustangst zieht entsprechende Berater an, die Sicherheit versprechen, wo es keine gibt. Anstatt sich ein schönes Leben zu gönnen, spart man und schränkt sich in der eigenen Lebensqualität ein. Für was haben Sie ein ganzes Leben lang gearbeitet und gebangt?!

Die Befriedigung, die über das Geld versprochen wird, vergiftet den Geist der Menschen, und die tägliche Verwirrung nimmt zu. Wem soll man noch glauben? Täglich erfahren wir von finanziellen Zusammenbrüchen. Banken, ja ganze Staaten machen bankrott. Müssten nicht gerade Banken wissen, wie man Geld vermehrt? Wo ist das Geld noch sicher? Früher oder später manifestieren sich unsere Gedanken, Überzeugungen und inneren Glaubenssätze.

In Wahrheit sind wir hier, um das Leben zu genießen, um Spaß zu haben, um Freude zu erleben, um zu spielen und möglichst viel zu erfahren. In der herrlichen Natur zu wandern und uns am natürlichen Schauspiel zu erfreuen, das ist Nahrung für die Seele und belebt unseren Geist. Ein großer Teil der Menschheit arbeitet jedoch täglich acht Stunden und mehr in der Hoffnung, »es« später einmal besser zu haben. Später allerdings sind sie, wie weiter oben bereits erwähnt, alt, krank und verbraucht und müssen ihr Geld für teure Pflegesysteme einsetzen. Da werden sie wieder ausgebeutet, um am Schluss ohne Würde einsam und völlig entkräftet auf den Tod zu warten. Solange alte Menschen noch Geld haben, sind sie eine lukrative Quelle, aus der man Geld herausholen kann. Das angesparte Kapital der Alten verspricht große finanzielle Gewinne.

Durch die medizinischen Fortschritte leben Menschen zwar länger, jedoch nicht unbedingt besser. Der größte Teil der Alten muss ständig Medikamente einnehmen, um einigermaßen zu leben. Leider dienen alte und unmündige

Menschen oft nur noch als medizinische Versuchskaninchen, die sich nicht wehren können, weil sie sich bereits aufgegeben haben. Ich selbst habe oft beobachtet, wie in Alters- und Pflegeheimen Menschen mit Tabletten vollgestopft werden, und keiner überprüft deren schädliche Nebenwirkungen. Nimmt man ein Medikament, muss man gleichzeitig ein anderes dazu nehmen, um die Nebenwirkungen in den Griff zu bekommen. Mit der Zeit kommt der Körper mehr und mehr durcheinander, und nichts funktioniert mehr. Die Kosten im Gesundheitswesen explodieren, weil jeder möglichst große finanzielle Profite machen will und nicht, weil man wirklich Gesundheit wiederherstellen will. Abhängigkeit schafft neue Abhängigkeit, das ist das Gesetz der Entsprechung.

Nun ist es an der Zeit, sich neu zu besinnen und das Leben neu auszurichten.

Eigentlich sind es nicht sehr viele Herrscher, die ihr Volk durch Geld regieren. Ein paar wenige teilen sich die Macht, die sie über die Menschen haben. Mit Ängsten behaftet und durch die emotionale Not getrieben, werden die Menschen zu Sklaven von Systemen, die die reale Schöpferkraft der Materie ignorieren.

Geld als Form neutraler Energie jedoch ist ein Mittel, um die geistigen Wünsche in Materie zu transformieren. Geldwerte sind Träger der Transformationskraft, und so können wir diese zur Erfüllung materieller Wünsche nutzen. Begreift der Mensch die kosmischen Zusammenhänge, so gelingt es ihm mit magnetischer Anziehungskraft, die Geldwerte dazu zu bewegen, fließend seine Wünsche zu verwirklichen. Der finanzielle Fluss kann für die Erfüllung materieller Manifestationen verwendet werden. Verlust und Mangel dagegen führen dazu, dass Geld vernichtet wird, weil sie zu Geiz und Sparsamkeit verleiten. Geld ist aber eine Energie, die fließen muss. Jeder, der spart, trägt zum Mangel bei. Darum gibt es das Sprichwort »Spare in der Zeit, so hast du in der Not«. Es sagt aus, was es gibt – Not! Wer Geld haben will, sollte seine Leistungen zum **Besten (!)** geben, und er wird automatisch beste Leistungen zurückerhalten.

16

Banken und ihre Macht

Wie sind Banken und andere finanzielle Systeme vor ca. 300 Jahren entstanden? Das Geld etablierte sich, weil die Menschen nicht mehr nur Ware gegen Ware tauschten, sondern den Wert der Ware festlegten. Der Wert wurde in Gold- und Silbermünzen definiert, dadurch bekam jeder Artikel und jede Leistung (Arbeit) einen bestimmten Wert, und der Austausch fand über Münzgeld statt. Irgendwann kamen einige sehr einflussreiche Familien auf die Idee, Banken zu gründen, und Bankhäuser wurden errichtet, um Wertgegenstände (Gold, Silber) aufzubewahren. Man garantierte sozusagen für die Sicherheit und nahm dafür Gebühren. Die Gründung von Bankgesellschaften diente demnach dazu, sichere Orte zu schaffen, damit nicht jeder seine Ersparnisse zu Hause aufbewahren und Angst vor Verlust haben musste. Man garantierte, wie gesagt, eine sichere Verwahrung.

Da die Bankhäuser mit der Zeit immer mehr Geld in ihrer Verwahrung hatten, kamen findige Bankmenschen auf die Idee, mit dem deponierten Geld Geschäfte zu machen. Sie kamen auf die Idee, dass Personen, die zu wenig Geld für ein

Geschäft hatten, die benötigte Summe geliehen bekamen und dass sie das geliehene Kapital gegen Bezahlung von Zinsen in Raten wieder zurückzahlen könnten. Gleichzeitig begann die Industrialisierung. Es gab die ersten größeren Produktionsstätten, die über das bisherige Handwerkertum hinausgingen. Die Banken witterten dabei gute Geschäfte. Gleichzeitig wurde dem Boden Wert beigemessen, das Land wurde vermessen und bewertet, die Häuser stiegen im Wert. Das Papiergeld wurde erfunden, und damit kam die Unübersichtlichkeit ins Spiel.

Mit der Zeit gab es eine immer größer werdende Vernetzung der Banken. Man könnte als Analogie ein Spinnennetz sehen, bei dem die Fäden immer in der Mitte zusammenlaufen. Die größeren Netze diktierten den Börsen- und Marktwert, sie geben heute noch vor, welche Zinsen aktuell gelten und welche Gesetze beim Geldverleih. Es gibt heute einige reiche Familien, die die Spinnennetze weben sowie erweitern und die die Fäden, die sie vor 300 Jahren zu ziehen begonnen haben, in der Hand halten. Sie steuern das ganze Finanzsystem zu ihren Gunsten. Das bedeutet, dass einige wenige Menschen, allein durch ihre Geburt in eine bestimmte Familie, über einen Geldfluss verfügen, den sie in hundert Leben nicht ausgeben könnten.

Banken werden zukünftig immer mehr in Schwierigkeiten geraten, weil sie nur noch auf ihre Gewinne achten und weil sie in erster Linie nicht die Entstehung echter Werte (Produktionen, Unternehmen, Lebensqualität) finanzieren. Banken kündigen stattdessen Kredite, und Unternehmen müssen deswegen aufgeben – oder sie müssen schrumpfen und bauen Arbeitsplätze ab. Viele Finanzsysteme sind nur noch darauf aus, möglichst astronomische Gewinne zu lancieren. Diese Gier hat zur Folge, dass sich diese Scheingewinne wieder völlig in nichts (Zahlen von Milliardenverlusten) verwandeln.

Geld sollte aber fließen, und die vorhandenen Geldwerte sollten zum Erschaffen neuer Werte eingesetzt werden. Auf diese Weise würde der Handel zum Wohle aller blühen. Indem man Qualität schafft (Produkte, Natur, Infrastruktur) und persönliche Leistungen (Begabungen, Talente, Fähigkeiten, menschliche Werte) fördert, schafft man Gewinn und Wohlstand für alle.

Banken sind jedoch, wie gesagt, meist nur noch daran interessiert, dass sich ihr Geld vervielfacht. Dies schaffen sie, indem sie für ihre Kredite hohe Zinsen verlangen oder indem sie Geld dauernd hin- und herschieben und so vom Geldhandel und von den daraus entstehenden Gebühren und Zinsen profitieren. Hierzu ein Beispiel: Ein Mensch will ein Haus für seine Familie bauen. Er verfügt aber nicht über das nötige Kapital und geht zur Bank, die ihm das Geld dafür leiht. Er bekommt einen entsprechenden Kredit, die Bank hat seine Arbeit und sein Haus als Sicherheit. Viele dieser Kredite sind so strukturiert, dass die geliehene Summe doppelt bis dreifach in Raten zurückgezahlt wird. Angenommen, die Familie nutzt das Haus 30 Jahre, und dann wird es verkauft. Der nächste Besitzer geht ebenfalls zur Bank und nimmt Geld auf das Haus auf. Nun beginnt dieser ebenfalls, das gleiche Haus zwei- bis dreimal zu bezahlen. Gewinner ist dabei immer die Bank!

Es gibt gute Beispiele für gesunde Bankensysteme, nämlich die Vergabe von Mikrokrediten. Eine Bank verleiht Geld zu einem niedrigen Zinssatz an Frauen, die Ideen haben, mit denen sie den Lebensunterhalt ihrer Familien sichern können. (Die Vergabe von Krediten an Frauen hat sich bewährt, da es in der Natur der Frau liegt, auch für die Zukunft ihrer Kinder zu sorgen.) Die Frau braucht ein Startkapital, um sich z. B. eine Nähmaschine und Material und vielleicht noch einen kleinen Laden anzuschaffen. Nun beginnt sie, ihre Idee in die Tat umzusetzen, und sie produziert Ware, die anderen Menschen dient. Hilfe zur Selbsthilfe und das Fördern der inneren Kraft führen dazu, dass nachhaltige Werte geschaffen werden. Solche Finanzsysteme sind in der letzten Zeit immer weiter gewachsen, sie haben keine Verluste gemacht.

17

»Auf Nummer sicher gehen«

Äußere Sicherheit aufgrund innerer Unsicherheit zu suchen, hat zur Folge, dass man mit Sicherheit aufs falsche Pferd setzt. Wer auf Nummer sicher gehen will, wird zwangsläufig im Alten stecken bleiben und eher verlieren. Wer Angst hat, sucht verstärkt nach äußerer Sicherheit. Diese wird von den Mächtigen versprochen, wenn sich ihnen der Ängstliche anvertraut. Gigantismus verspricht Sicherheit, in Wahrheit werden diese übergroßen Blasen jedoch platzen. Auch Riesen haben eine Achillesverse.

Großbanken, Versicherungen, Pharmakonzerne wachsen und expandieren in einem enormen Ausmaß, weil sie täglich die Ängste schüren und immer neue Befürchtungen nähren. Täglich finden sich Meldungen in den Medien über finanzielle Verluste, Betrugsfälle im großen Stil, neue Krankheiten, Angst vor Seuchen (Pandemien führen zu ungesundem Impfwahnsinn) und Terroranschlägen, Lebensmittelskandale usw. Unsichere Menschen glauben nur allzu leicht, dass sie ihre Verantwortung abgeben können. Jeder ist nun aber gefordert, in seine Macht zu kommen. Wer sein Glück anderen überträgt, macht sich abhängig.

Vorsicht ist angesagt, wenn man sein Geld einfach einer Bank anvertraut, ohne dass man eigentlich weiß, was diese mit dem Geld macht. Ein Bankberater muss in erster Linie für den Gewinn der Bank arbeiten, und je mehr Ertrag er für die Bank erwirtschaftet, umso größer fällt die Bonuszahlung aus. Die Banken werden immer größer und reicher, doch die Anleger werden mit den Worten »Wirtschaftskrise« vertröstet und akzeptieren ihren Verlust zähneknirschend. Faire Finanzberater verlangen vom erwirtschafteten Gewinn ihren Anteil.

Das Bankwesen wird sich verändern müssen – und zwar so, dass das Geld wieder zur Werteentwicklung eingesetzt wird. Gesundes Gewinnwachstum erzielen die Projekte, bei denen sich die Kreditnehmer mit dem geliehenen Geld eine eigenständige Existenz aufbauen. Wer Schulden macht, wird in Schulden untergehen. Wer investiert, wird gewinnen und wachsen. Alles ist eine Frage der inneren Einstellung und der sprichwörtlichen Formulierung (Gesetz der Geistigkeit).

Alles drängt nach vorne, alles will sich weiter entfalten. Wer zurückdrängt, der behindert sich in seinem Fortschritt. Die Erde bewegt sich in höhere Sphären, und entsprechend erhöhen sich die Energien. Der Aufstieg in höhere Dimensionen bringt automatisch energetische Veränderungen mit sich. Jeder Mensch, jedes Tier und auch die Natur entwickelt sich durch diese erhöhte Schwingung weiter.

Da aber der Mensch ein selbstbestimmtes, göttliches Wesen ist, das seine Situationen selbst bestimmt, kann er sich durchaus weigern, den Entwicklungsprozess auf diesem Planeten mitzumachen. Das steht jedem frei. Doch die Frequenzerhöhung auf der Erde lässt sich nicht aufhalten und führt dazu, dass niedrig schwingende Energien zusehends unter Druck geraten. Wer nicht zum Gemeinwohl beitragen will, verlässt die Erde und wird sich in den Welten weiterentwickeln, die seinem Entwicklungsstand entsprechen. Wer aber hierbleibt und die vorhandene Energie zur wahren Verwandlung nutzt, der wird sich damit selbst die größte Freude machen.

Durch die Schwingungserhöhung kommt es unter der Bevölkerung bereits zu einer sichtbaren Aufspaltung; ein Teil arbeitet bereits bewusst am eigenen Thema, der andere Teil befasst sich noch zu sehr mit dem Thema, dass die anderen die Ursache für die vorhandenen Probleme sind. Diejenigen, die sich dem Bewusstseinswandel noch verweigern, flüchten verstärkt in Drogen, Tabletten und betäuben sich mit Alkohol. Dadurch versuchen sie, die Sinnlosigkeit ihres derzeitigen Lebens zu vergessen. Doch jeder dieser Versuche geht letztendlich nicht auf, und man erwacht in einer Sackgasse.

Ein Teil der Menschheit pflegt im Moment noch seine Feindmentalität, und die führenden Kräfte setzen alles daran, dass diese noch verstärkt wird. Scheinbare Wirtschaftskrisenmeldungen führen dazu, dass man die Löhne kürzt und dass man Personal abbaut, anstatt die Produktion zu optimieren und so auf das Weiterwachsen zu bauen. Terrorangst führt dazu, dass man den Menschen Überwachungssysteme aufschwatzt, weil man ein paar Terroristen unter Kontrolle halten will. In Wahrheit streben die Mächtigen eine totale Kontrolle an.

Ängstliche Menschen projizieren ihre eigene Unzufriedenheit nach außen, und sie schaffen sich ständig neue Situationen, die sie beklagen können. Durch Jammern und Klagen laden sie ihren eigenen Frust auf und bekommen immer mehr Gelegenheiten, in denen sie frustriert sein können. Dieser Kampf geht so lange weiter, bis man sich selbst lahmlegt. Wer kämpft, der erschafft sich auch Schlachtfelder. Wer sich schützt, schafft sich neue Feinde. Doch wer bestimmt, ist Herr der Lage. Die Veränderungen, die auf die Menschheit zukommen, sind allesamt positiv und liebevoll. Jeder Einzelne ist allerdings gefordert, seine volle Schöpfermacht anzunehmen.

18

Wirtschaft & Soziales

In unserer Geschichte gab und gibt es immer wieder Phasen, in denen die Wirtschaftsstrukturen zu erlahmen beginnen, wenn über eine längere Zeit Frieden geherrscht hat, das Land aufgebaut ist und die Konjunktur ausgeschöpft ist. Politiker suchen dann händeringend nach Möglichkeiten, das Wachstum und die Wirtschaft anzukurbeln, damit das vorhandene System erhalten bleibt. Wo sollen die Aufträge und das Geld für die Löhne herkommen? In der Vergangenheit war es keine Seltenheit, dass in solchen Zeiten Kriege vom Zaun gebrochen wurden. Dabei wurden viele materielle Strukturen zerstört, und die Menschen hatten nach dem Krieg jahrzehntelang Arbeit, weil alles wieder aufgebaut werden musste. Für einen solchen Kreislauf entscheiden sich Kulturen, die nicht sehr weit entwickelt sind. Menschen mit einem hohen Bewusstsein treffen andere Entscheidungen.

Nun sind wir Menschen an einem Punkt angelangt, an dem auch die breite Masse gebildet und aufgeschlossen ist – oder es zumindest sein kann. Das Denken und Fühlen ist eher freiheitlich, und für die meisten käme ein Krieg nicht mehr infrage. Die Leistungsgesellschaft wird sich zudem immer mehr verändern, wenn die Menschen entdecken, dass sie hier sind, um Freude zu erleben, um das Leben zu genießen und um miteinander die Dinge zu tun, die unsere Herzen erfreuen. Die Lebensfreude in jedem Menschen wird irgendwann den letzten Rest der alten Zwänge ersetzen. Die Gesellschafts- und Sozialsysteme werden sich immer mehr verändern und zum Teil völlig zusammenbrechen – vor allem da, wo die geistige Eigenständigkeit und die schöpferische Vollmacht zum Tragen kommen müssen. Viele Sozialsysteme sind heute schon fast am Ende, weil das Geld dafür immer mehr fehlt. Es wird eine gerechte Verteilung geben, wenn wir aus diesem Spiel aussteigen und uns für die wahren Werte entscheiden. Letztendlich wird jeder im Wohlstand leben.

19

Das Erkennen der persönlichen Macht

Die Macht der Mächtigen kann so lange aufrechterhalten werden, wie es ihnen gelingt, die Ängste im Volk zu nähren, denn so kann es gnadenlos ausgebeutet und übervorteilt werden. Darum *Vor-Sicht* vor jedem, der mit den Argumenten Angst und Mangel arbeitet (Banken, Versicherungen, Systeme), denn diese können auch nur wieder neue Ängste und Mängel hervorbringen. Dies kann man nicht genug betonen. Je mehr aber die Menschen nun in ihre eigene Macht kommen, umso mehr werden sich die Machtverhältnisse im Sinne eines Wohlstandes verändern, der jedem zugutekommt.

Angst und Befürchtungen werden ständig und überall in den verschiedensten Formen in Erinnerung gerufen. Verfallen wir diesen negativen Prognosen, so schränken wir damit unsere Lebensfreude und -freiheit deutlich ein. Ist es nicht eine Form von Wahnsinn, dass wir ein Leben in ständiger Angst führen?

Während der ganzen Schulzeit lebt man in der Angst, die Prüfungen nicht zu bestehen, den Abschluss nicht zu schaffen.

Dann kommt die Sorge, den richtigen Ausbildungsplatz zu finden, die Lehre oder das Studium zu schaffen, eine gute Arbeitsstelle zu finden, eine Wohnung zu haben, die Miete bezahlen zu können, den richtigen Partner zu finden usw. Kaum haben wir ein Ziel erreicht, nehmen wir uns bereits das nächste vor. Nie ist das, was wir sind und erreicht haben, gut genug oder richtig. Ist das nicht paradox, was wir uns damit selbst antun?

Wir sollten jetzt beginnen, unsere Siege zu zählen und uns ganz bewusst an dem erfreuen, was wir bereits alles geschafft haben. Dabei ist es wichtig, sich nicht mit anderen Menschen zu vergleichen. Wer sich selbst kennt, kennt auch seine Herausforderungen.

Speichern Sie in Ihrem Bewusstsein Ihre Kraft, die Sie immer vorwärtstreibt und die Ihnen immer wieder geholfen hat, schwierige Situationen zu überwinden und darüber zu siegen.

Es ist nun an der Zeit, dass jeder Mensch seine eigenen Werte aktiviert und selbst voll zu schätzen beginnt. Alles ist in allem enthalten. Wer seine eigenen Werte nicht schätzt, der wird auch nicht gefördert und geschätzt. Jeder Mensch, mit dem wir es zu tun haben oder mit dem wir es zu tun bekommen, hält uns einen Spiegel vor, und jede Situation, in die wir geraten, enthält eine Lektion, die es zu lernen gilt. Wir sollten stets bestrebt sein, das Beste in jedem Menschen zu sehen, und wissen, dass in jedem Menschen alles enthalten ist, das Höchste und das Niedrigste.

Unsere persönliche Einstellung wirkt als Magnet für das, was wir anziehen und was wir erleben »müssen«. Das Gesetz der Spiegelung und der Resonanz zeigt deutlich, wer was in sich aktiviert hat. In jeder Seele, in jedem Menschen ist alles enthalten – die ganze Palette an Gedanken, Einstellungen und Möglichkeiten. Jeder hat das Höchste und das Niedrigste in sich, jeder hat alle positiven und negativen Möglichkeiten in sich. Es geht nur darum, welche Resonanzpunkte gesetzt werden. Worauf richtet sich unsere Aufmerksamkeit?

Prägen Sie sich diese Wahrheit ein: Alles ist in allem enthalten! So ist auch in Ihnen alles möglich. Der Geist ist frei und kann sich alles vorstellen, der Verstand ist beschränkt und kann nur von der realen Wirklichkeit ausgehen. Im Geist können wir sofort auf dem Mond sein, im Verstand sehen wir bei jedem Schritt Hindernisse.

Um Ihre Werte zu aktivieren, könnten Sie folgende Bestimmung machen:

»Ich bestimme, dass meine inneren Werte nun voll nach außen wirken und dass mein inneres Wesen auch im Außen voll zur Geltung kommt, und ich rege dadurch das Wertvolle in allem an.«

Setzen Sie Resonanzpunkte, indem Sie bestimmen, dass Sie »Preis werte« Leistungen und Waren anziehen und dass der Wert Ihrer Arbeit, Ihrer Tätigkeit dazu beiträgt, neue Werte zu schaffen und Werte zu vermehren.

Prägen Sie sich ein, dass Sie im Zusammenhang mit Geld immer wieder das Wort WERT gebrauchen und weniger von Kosten und Ausgaben reden (»Ich bin es mir wert ...«). Wert zieht Wert an, Kosten ziehen neue Kosten an.

Investition für die stete Wertevermehrung: Es wird immer wichtiger werden, dass jeder Einzelne an der Entdeckung und Entwicklung seiner inneren Werte arbeitet und dass er finanzielle Mittel und einen Teil seiner Zeit dafür investiert, den inneren Reichtum zu wecken und zu entwickeln. Reichtum und Fülle beginnen in unseren Gedanken und Gefühlen, und sie manifestieren sich sichtbar im Außen – einfach so – *Selbst! Verständlich!*

20

Geld: Bedürftigkeit oder Wertvermehrung?

Man hat das Geld erschaffen, damit die Menschen ihre emotionale Konzentration voll und ganz auf das Geld richten und nicht auf die Verwirklichung ihrer Wünsche. So wurde Geld zum Ziel des Denkens und nicht die Verwirklichung der Wünsche. In der 5. Dimension wird es wieder möglich sein, dass wir unsere Gedanken direkt manifestieren und nicht weiter den Umweg über das Geld machen werden. Es dauert allerdings noch eine Zeit lang, bis diese Erkenntnis alle Menschen erreicht hat und bis diese Macht bewusst und direkt genutzt wird.

Jeder Mensch hat die Möglichkeit, aus der Fülle und Liebesfähigkeit, die sein Herz erfüllen, Glück und Wohlstand zu erschaffen. Wenn der Mensch als Lichtwesen erkennt, dass für jeden Einzelnen auf der Erde Fülle und Reichtum möglich sind, dann kann er sich selbst aus dem Kreislauf der materiellen Machtausübung befreien. Mit der Kraft der emotionalen Fülle und der Herzensliebe wird die Materie für ihn wieder positiv formbar.

Indem wir Menschen unsere Arbeit ab sofort nicht mehr wegen des Geldes machen, sondern aus Freude an der Sache, wird das Geld mit Freude unser Leben bereichern. Unsere Glaubens- und Grundhaltung ist maßgebend für unser tatsächliches Resultat. Unsere Wünsche erfüllen sich, und oft braucht es dazu nicht einmal Geld. Es kann sein, dass unsere Wünsche in Form von Geschenken in unser Dasein kommen. Jede Tätigkeit, die wir mit Herzensliebe ausüben, wird uns Glück und Reichtum schenken.

Die zwanghaften Strukturen und Systeme, die durch die Angst genährt wurden, werden sich auflösen, und in Zukunft werden nur noch diejenigen im Besitz von Geld sein, die keine Angst mehr haben, es wieder zu verlieren. *BeAchtung* und *Vor-Sicht*! Die Kraft unserer Gedanken formt – durch die ständig stärker werdende Frequenzerhöhung – unsere tagtägliche Realität schneller und direkter. Doch auch Ängste manifestieren sich andauernd in verschiedenster Art und Weise, weil wir diese durch unsere Gedanken und Emotionen in Realität verwandeln.

Nutzen wir das morphogenetische Feld der Erde, um das Gute zu manifestieren. Verbinden Sie sich mit Ihrem inneren Wert, und aufgrund des Resonanzgesetzes ziehen Sie Wert vermehrende Ideen, Gedanken und Projekte an. Freuen Sie sich über den Reichtum anderer, und verbinden Sie Ihr Bewusstsein mit dem sichtbaren Reichtum. Fühlen Sie sich reich? Fühlen Sie sich arm? Fühlen Sie sich geschätzt? Fühlen Sie sich ausgenutzt? Die inneren Überzeugungen zeugen die äußere Wirklichkeit. Jeder hat das Potenzial, auch an materiellen Gütern reich und wohlhabend zu sein. – Wer

Geld jedoch festzuhalten versucht, wird feststellen, dass es sich verflüchtigt. Geld ist eine fließende Energie, und daher sollte es auch immer wieder eingesetzt werden.

Wenn wir Geld als Symbol eines vorhandenen Wertes erkennen, gelingt es uns, diesen Wert zu schätzen. Mit anderen Worten: Geld dient als Vertreter vorhandener Werte. Ich schaffe mit meinen Fähigkeiten und durch meine Tätigkeit einen Wert oder fördere einen Wert, dafür erhalte ich einen Gegenwert in Form eines finanziellen Ausgleiches. Gehe ich nun in ein Geschäft, so erkenne ich, dass ich nicht einfach Geld ausgebe, sondern ich tausche mein Geld in eine Ware um, die es mir wert ist.

Menschen, die sich arm fühlen, erkennen meist den Wert der Ware nicht, sondern sie sehen nur, dass sie kaum Geld haben. Ihr innerer Fokus ist auf »kein Geld haben« ausgerichtet. Die innere Bedürftigkeit führt dazu, dass man dauernd Geld braucht und sich doch nichts leisten kann. Man scheut die Ausgaben, und letztendlich hat man am Ende des Monats doch kein Geld mehr.

In meiner langjährigen Tätigkeit als Beraterin konnte ich immer wieder feststellen, dass auch Menschen, die eigentlich Geld haben und die auch noch in einem soliden Beruf tätig sind, dennoch dauernd von Existenzängsten geplagt werden. Diese Ängste wurden durch die Eltern geschaffen, die sich ständig Sorgen ums Geld gemacht haben, oder sie stammen aus den Erfahrungen in Vorleben (siehe auch unter »Bewusstsein«).

Meine eigene Erfahrung: Ich selbst bin in einer Familie mit acht Kindern aufgewachsen. Meine Eltern haben nie gejammert oder sich beklagt. Wir hatten immer genug zu essen, und ab und zu gab es auch mal ein Stück Schokolade oder eine andere kleine Freude. Dadurch, dass vom Lohn meines Vaters zehn Menschen versorgt werden mussten, reichte das Geld durch das bewusste Haushalten meiner Mutter genau bis zum nächsten Zahltag. Mein Vater hat sich immer gewünscht, er könnte Geld sparen.

Als ich selbst erwachsen war, eine gut bezahlte Stellung hatte, alleine lebte, mir nichts Teures kaufte und kaum in Urlaub gefahren bin, habe ich erlebt, dass am Ende des Monats alles Geld aufgebraucht war, obwohl ich für mich alleine wesentlich mehr Geld zur Verfügung hatte. Irgendwie hatte ich immer eine natürliche Abneigung gegen das Sparen gehabt, und dennoch hatte ich versucht, Geld zu sparen, was mir aber nicht wirklich gelang. Meine Begleiter sagten mir ebenfalls: »Durch Sparen wirst du nicht reich.« – Als ich lange genug darüber nachgedacht hatte, was da eigentlich geschah, gaben mir meine geistigen Begleiter den Rat, ich solle mein Geld segnen, bevor ich es ausgebe. Durch die bewusste Selbst-Bestimmung änderte sich meine finanzielle Situation zusehends: Ich kann mir alles leisten, das Geld fließt und ich genieße es, im Fluss zu sein. Vorher hatten mich unterbewusst die Sorge und der unerfüllte Wunsch meines Vaters bestimmt.

Mein Tipp: Seit diesem Zeitpunkt bestimmte ich immer Folgendes, wenn ich Geld für meinen Lebensunterhalt (Wohnung, Auto, Urlaub, Kleider, Lebensfreude, usw.) investierte. Ich hielt das Geld oder die Überweisung in der Hand und bestimmte:

»Dieses Geld, mein Geld, vermehrt sich, vermehrt sich, vermehrt sich, und es kommt innerhalb kürzester Zeit im mindestens 7-fachen Wert wieder zu mir zurück.«

Übrigens kann man »Geld auf die Seite legen«, aber man sollte nicht sparen, denn sonst wird man irgendwann auch das Opfer von Sparmaßnahmen!

Geld gibt uns keine Sicherheit, sondern die Sicherheit kommt, wenn wir begreifen, dass wir die Schöpfer jeder Lebenssituation sind. Indem wir auf unsere eigene Kraft vertrauen, wachsen wir ewig, erfüllt und voller Freude. Der gefühlte Reichtum wird sich schließlich auch im materiellen Sein manifestieren. Die Erde, das Universum hält genug Reichtum für alle bereit; das ist der wahre Luxus des Lebens. Gönnen wir uns das Beste, was das Leben zu bieten hat. Irgendwann wird das Geld wieder zu einer unbedeutenden Nebensache werden, nämlich dann, wenn wir es verstehen, Dinge und Zustände direkt zu manifestieren.

Um Ihre finanzielle Situation laufend zu verbessern und um entsprechende Möglichkeiten anzuziehen, könnten Sie – im Bewusstsein der bereits vorhandenen Werte – folgende Bestimmung machen:

»Ich will meine finanziellen Werte wertvermehrend und wertsteigernd einsetzen, und ich will durch meine finanziellen Werte Qualität fördern und so zum echten und wahren Reichtum auf dieser Welt beitragen.«

Auf diese Weise habe ich einst bestimmt, dass ich mir immer alles leisten kann, was für mich Wert hat und was eine gute Qualität hat. Ich habe nie mehr darüber nachgedacht zu sparen, sondern ich habe bestimmt, dass ich immer das Geld habe, um die Ware zu kaufen, die Wert und Qualität hat und die mit Freude hergestellt worden ist. Mein Reichtum basierte so nicht mehr auf der Zerstörung und Ausbeutung von Menschen. Ich freute mich, wenn ich für meine Leistungen fair bezahlt werde, und ich bezahlte auch gerne für gute Leistungen. Ich freute mich immer, wenn ich Geld erhielt, und ich gönnte anderen dieses Gefühl auch gerne. Geben und empfangen, empfangen und geben, das ist der Prozess von wahrem Wachstum und bewusstem Teilen.

Das Leben ist ein vollkommener
Feedback-Mechanismus (Ursache – Wirkung),
und es gibt uns nur das,
was wir selbst erschaffen (erdacht) haben.

21

Innere Werte und äußerer Reichtum

SelbstWert & Minderwertigkeitsgefühle

Die Verteilung des finanziellen Kapitals sieht im Moment so aus, dass ein paar wenige 80 Prozent besitzen, während sich die Masse 10 bis 20 Prozent miteinander teilt. – Warum werden die Armen immer ärmer, und warum werden die Reichen immer reicher? Viele werden sagen, weil die Reichen den Armen den letzten Cent abnehmen und weil die Armen ausgebeutet werden. Das kann auch eine Erfahrung sein, die derjenige macht, der dieser Überzeugung ist.

Ich habe, wie weiter oben bereits erwähnt, beobachtet, dass Menschen, die glauben, dass sie »wenig Geld« hätten, durch diese Haltung von »wenig« den Wert der vorhandenen Geldmittel gering schätzen. 1 Cent ist nichts wert, und so wird er nicht geschätzt. Nun geben sie das »wenige Geld« meist auch noch für minderwertige Ware aus, die auf den ersten Blick nicht teuer erscheint, die aber auf den zweiten

Blick viel zu teuer ist, wenn man die Qualität genau betrachtet. Mindere Qualität hält nicht lange und muss daher schneller ersetzt werden. Billig hergestellte Waren sind oft »billig produziert«, haben eine minderwertige Energie und machen meist nicht lange Freude, denn die Menschen, die diese Waren hergestellt haben, wurden oft auch nicht wirklich gut bezahlt, und so bekommt der Käufer Ware, die kaum Wert hat. Daher zahlt er letztendlich das Doppelte oder gar das Dreifache.

Nun kaufen diese Menschen dauernd Ware, die sie eigentlich gar nicht wollen, denn sie machen beim Kauf Kompromisse aufgrund des Preises. Beispiel: Man sieht einen Pullover, beste Qualität, genau aus dem Material und in der Art gefertigt, die einem gefällt. Eigentlich wäre dieser Pullover genau das, was man sich vorgestellt hat. Nun schaut man auf den Preis und sagt sich »viel zu teuer, ist es *mir nicht wert*«, und man entscheidet sich für einen Pullover, der zwar nicht so schön ist und auch vom Material nicht ganz stimmt, aber der billiger ist. Man redet sich ein, dass der es genauso tut, und kauft den Pullover zweiter Wahl. Nun trägt man diesen Pullover und erinnert sich – unterbewusst! – immer daran, dass man nicht hat, was man eigentlich will. Dieser Pullover macht nicht wirklich Freude, und er wird voraussichtlich schneller kaputtgehen. Dazu kommt noch, dass man sich den wahren Wert nicht gegönnt hat, und dies löst ein Gefühl der Unzufriedenheit aus. Aus dieser negativen Haltung heraus ist der nächste Frustkauf bereits vorprogrammiert. Jetzt geht das Spiel wieder von vorne los. Hätte man sich den Pullover geleistet, der optimal gewesen war, was die Qualität anging, und einem auch wirklich gefallen hatte, hätte man eine bessere Ausstrahlung gehabt, und die Freude über den erstandenen Wert hätte wieder neue Werte angezogen.

Menschen, die von sich glauben, dass sie arm und mittellos sind, kaufen sich dauernd Dinge, die sie eigentlich nicht wirklich wollen oder wirklich brauchen. Ihnen fehlt ständig etwas, und sie versuchen beständig, ihren Minderwert zu befriedigen. Doch die auf diese Weise angeschaffte Ware führt zur Dezimierung der eigenen Werte. Hier wirkt das Gesetz der Resonanz. Letztendlich zahlen Menschen, die im Mangel denken, für alles doppelt und dreifach. Die qualitativ schlechtere Ware hat eine entsprechende Energie, die auch wieder auf die persönliche Energie einwirkt. Mangel zieht wieder Mangel an. – Qualität muss nicht teuer sein, daher sollte Qualität »Preis wert« sein, und man hat einen Kauf getätigt, der noch lange Freude macht. Frust und Mangel führen lediglich dazu, dass man Fehlkäufe macht und seine Werte verschleudert.

Noch einmal: Menschen, die glauben, wenig Geld zu haben, verbrauchen ihr Kapital für unnütze Dinge, die wenig kosten, die sie aber noch weniger brauchen. So haben sie ihr finanzielles Kapital in Ramsch angelegt. Sie verramschen sozusagen ihre Werte. Daher gibt es so viele »Ramschgeschäfte«, die Ware verkaufen, die irgendwie schon »gebraucht« aussieht und die »keine Ausstrahlung« hat. Minderwertige Ware hat eine minderwertige Energie, und diese Energie tritt auch wieder in Resonanz. Jeder, der sich mit solchen Dingen umgibt, aktiviert den eigenen Wertezerfall.

Qualität erschafft man durch Freude und Achtsamkeit. Wer nachhaltige Werte schafft, der wird seine Werte vermehren. Menschen, die reich sind, vermehren ihre Werte, indem sie wieder in Werte investieren. Sie bekommen zudem oft die größten Rabatte, wobei diejenigen, die wenig Geld haben, nichts geschenkt bekommen. Man hört Menschen sagen: »Mir wird nichts geschenkt, ich muss alles doppelt und dreifach bezahlen.« Was für ein Programm! – Es gibt viele Menschen, die so in ihren Ängsten gefangen sind, dass sie ihnen nicht einmal mehr bewusst sind, und so wird der Kreislauf ihres materiellen Mangels durch ihre unheilvollen Vorstellungen laufend weiter gespeist.

Die einzelnen Machthaber steuern das Verhalten der Masse mit dem Schüren von Existenz- und finanzieller Verlustangst, um die Menschen dadurch noch besser für ihre Zwecke ausbeuten zu können. Da diese Machthaber im Besitz von Fernseh- und Radiostationen sowie von Zeitungen sind, bestimmen sie, welche Nachrichten veröffentlicht werden. Die Masse wird überdies durch die Werbung überflutet. Je minderwertiger die Ware, umso größer sind die Werbekampagnen, die dauernd das Unterbewusstsein der Menschen programmieren. Mit der Zeit denken die Menschen nicht mehr selbst, sondern sie greifen automatisch nach den Dingen, die man ihnen werbewirksam schmackhaft gemacht hat. Auch hier wäre mehr Bewusstheit angesagt.

Es nützt nichts, wenn wir andere austricksen oder wenn wir für etwas ungeschoren davonkommen wollen, denn es verzögert nur unseren eigenen Fortschritt.

Einen Wandel werden wir zusehends in der Wirtschaft beobachten können. Unternehmen, die auf die Qualität ihrer Produkte setzen, die integer sind, die niemanden ausbeuten, die jeden Mitarbeiter als Wert betrachten, werden wachsen, blühen, gedeihen und eine reiche Ernte einbringen. Ein Mitarbeiter setzt seine Fähigkeiten zum Wohle des Unternehmens ein, er wird dafür belohnt und er konsumiert die hergestellten Produkte selbst – als Kunde.

Doch Unternehmen, die ihre Bilanzen dadurch »verschönern«, dass sie Mitarbeiter entlassen und so Kräfte einsparen, sind bereits dem Untergang geweiht. Anstatt Kräfte einzusparen, sollte man die Kräfte gezielt für eine Verbesserung der Produktion einsetzen. Die Menschen werden sensibler für die Schwingungsmuster der Harmonie und der wahren Werte, und sie werden immer weniger Geschäfte mit Unternehmen machen, die etwas anderes ausstrahlen.

22

Heilungsprozesse: Gesundheitswesen & Pharmaindustrie

Es gibt in Wirklichkeit keine Krankheiten, sondern nur körperliche Funktionsstörungen. Diese wiederum entstehen zu 90 Prozent aufgrund falscher und schlechter Ernährung.

»Gebt dem Volk Brot und Spiele!« Der 3. Weltkrieg ist längst im Gange, und die Menschheit merkt es nicht. Er wird über die Informationspolitik und über die Ernährung geführt. Darüber wird der Mensch systematisch ausgebeutet, bis irgendwann nichts mehr von ihm übrig ist.

Diejenigen, die im Moment die Macht haben, steuern vorwiegend die Nachrichten, die über die Medien verbreitet werden (Fernsehen, Radio, Presse, z. T. auch die Universitäten und Schulen), und sie bestimmen, welche Informationen in den Sendungen an die Masse weitergegeben werden. Darüber lassen sich die Ängste am schnellsten verbreiten, weil Fernsehzuschauer oft wahllos konsumieren, was ihnen über dieses Medium vorgesetzt wird. Es wird dauernd über mögliche Gefahren berichtet, so dass die Menschen sich im Vorfeld mit den entsprechenden Medikamenten eindecken oder sich z. B. unkontrolliert impfen lassen, obwohl sie nicht wissen, was dieser Impfstoff wirklich enthält. Auch hier ist die persönliche Macht gefordert.

Ein großer Teil der Pharmalobby sponsert auch die meisten Forschungsprojekte an den Universitäten. Ärzte bekommen spezielle Geschenke und Rabatte, wenn sie bestimmte Medikamente bevorzugt verschreiben. Leider ist es oft so, dass viele Medikamente erneute Störungen hervorrufen, und so nimmt man bei der Beseitigung eines Übels einfach ein anderes, neues Übel in Kauf. Auch hier ist die Eigenverantwortlichkeit des Patienten gefragt. Wir sind nicht die Opfer von Menschen, die eigennützig handeln, sondern, wenn schon, sind wir Opfer unserer eigenen Angst und unserer eigenen Unfähigkeit. Diese Wahrheit gilt es, immer wieder zu beachten.

Wer sich krank fühlt und mit der Absicht zum Arzt geht, dass dieser hoffentlich herausfindet, was einem fehlt, wird feststellen, dass am Schluss alles fehlt. Wenn Sie ab jetzt zum Arzt gehen, dann bestimmen Sie vorher Folgendes:

»Ich will wieder optimal gesund sein. Ich lasse mich untersuchen, beraten und behandeln mit der bewussten Absicht, dass meine natürliche Gesundheit wieder voll und ganz sowie auf Dauer hergestellt ist! Ich bestimme natürliche Gesundheit und volle Vitalität! Alles, was diesem Ziel dient, soll nun in mein Leben kommen. Ich bin bereit, das Beste für mich zu tun!«

Be*stimm*en Sie also selbst und bewusst die Wiederherstellung Ihrer Gesundheit und Ihrer Vitalität, und erkennen Sie darin Ihre Macht, das Resultat zu bestimmen. Andernfalls begeben Sie sich in die Abhängigkeit des Arztes, der vielleicht auch nicht wirklich weiß, was Ihnen fehlt. So beginnt das Ausprobieren verschiedener Medikamente – auf Ihre Kosten.

Sie werden aufgrund des Resonanzgesetzes das anziehen, was Ihrer Bestimmung gerecht wird. Überlassen Sie die Verantwortung für Ihre Gesundheit nicht mehr dem Arzt, sondern sehen Sie diesen als Berater. Die Konsequenzen jeder Behandlung tragen letztendlich immer nur Sie selbst.

Leider behandeln noch zu viele Ärzte Krankheiten, anstatt das Ziel zu haben, die natürliche Gesundheit wiederherzustellen. Dazu gehört in erster Linie, dass man die natürlichen Körperfunktionen und Mechanismen wieder begreift und beachtet. Denn nur so ist es möglich, den Körper durch die Nahrung und Bewegung in seiner Regenerationskraft und Selbstheilungskraft zu unterstützen.

Der Begriff »Krankenhaus« sollte in »Gesundheitshaus« umgewandelt werden, so beginnt bereits die Veränderung. Früher beschäftigte man »Krankenschwestern«, heute bezeichnet man diese immerhin als »Pflegefachleute«. Ich finde allerdings, dass dieser Begriff nichts aussagt. Besser wäre es, man würde das Pflegepersonal als »Heilassistenten« bezeichnen, das würde dazu führen, dass der Heilassistent bewusst mit seiner Kraft und mit seinen Fähigkeiten zur Heilung des Patienten beiträgt. Auch Ärzte, die sich als Heiler sehen, würden durch diese innere Haltung die Heilfähigkeit in sich aktivieren (Resonanzpunkt) und ihre Absicht zu heilen bekunden. – In der bewussten Bezeichnung liegt bereits eine wirkungsvolle Bestimmung. Es gibt genug bekannte Fälle, in denen Menschen in *Kranken*häusern erst recht krank wurden, und darum sind viele froh, wenn sie diesen Ort möglichst schnell wieder verlassen können. Worte sind Kanäle für Energien! Darum achten Sie darauf, welche Worte Sie für die Bestimmung einsetzen.

23

Moderne Nahrung zerstört die Welt!

»Gebt dem Volk Brot und Spiele!«

Ein großer Teil der Menschheit hat sich sehr von der Natur entfernt, und dementsprechend schlecht ist es um die körperliche Verfassung bestellt. Indem wir immer mehr künstlich hergestellte Lebensmittel zu uns nehmen, schließen wir die heilenden Kräfte der Natur aus; ja, wir blockieren diese sogar in einem erheblichen Maße. Eine unnatürliche Lebensweise verhindert, dass wir die Kraft der Natur für die Gesunderhaltung unseres Körpers nutzen können (was wir dringend wieder tun sollten). Körperlicher Zerfall, Degeneration und Verschleißerscheinungen zeigen sich heute bereits bei Kindern.

Jede Funktionsstörung des Körpers ist ein Warnsignal und sollte uns dazu bewegen, uns und unserem Wohl mehr Aufmerksamkeit zu schenken. Eigenliebe heißt, sich selbst zu pflegen, sich selbst Gutes zu tun, sich selbst eine Freude zu machen, sich das Beste zu gönnen, sich selbst zu vertrauen, sich selbst sicher zu sein, sich zu spüren, sich selbst wahrzunehmen. Gerade beim Thema Essen sieht man deutlich, dass sich die

Menschen nicht spüren und dass sie sich dauernd mit Nahrung belasten, die ihnen Unbehagen, Übergewicht und körperlichen Zerfall beschert.

Nehmen Sie sich die Zeit, bewusst zu essen und dieses zu genießen! Weil Menschen glauben, sie hätten keine Zeit, hat man immer mehr Produkte entwickelt, die man auf die Schnelle zu sich nehmen kann. Diese Produkte sind vorproduziert, und das geht auf Kosten der Qualität und des Nährwertes. Der Stress ist bei diesen Produkten bereits als Idee enthalten, und so nehmen wir diese Information nicht nur körperlich, sondern auch energetisch auf. Hierzu kommt noch der allgemeine Schönheitswahn und die ständige Angst, zu dick zu sein. So sind die ganzen Light-Produkte entstanden, die alle die Angst vor Übergewicht beinhalten, und daher machen diese eher dick als schlank. Alle Kunstprodukte haben eine bestimmte geistige Zielsetzung/-absicht. Man nutzt die Angst der Konsumenten gezielt aus und bringt diese dazu, vorwiegend solche überteuerten, aber qualitativ minderwertigen Produkte zu kaufen. Machen Sie sich allerdings immer bewusst: Angst verursacht Wertverlust und konstruiert weitere Mängel. Aufgrund des Resonanzgesetzes können wir außen nichts anderes erwarten, als das, was wir innen befürchten.

»Du bist, was du isst!« Fast Food und Junkfood sind heute weit verbreitete Begriffe. Fast Food ist oft vorgekocht, haltbar gemacht und von minderer Qualität, was den Nährwert für den Körper angeht. Darum haben Menschen, die solche Produkte essen, immer Hunger, denn der Körper ist unterversorgt.

Doch die Lebensmittelindustrie erfindet immer neue Kunstprodukte – nicht um die Menschen zu ernähren, sondern um immer mehr finanzielle Gewinne zu erzielen. Man verarbeitet künstliche Aromen, Lockstoffe, Reizstoffe und Geschmacksverstärker und legt so den Grundstein für Süchte. Wir essen, doch unser Körper hungert, obwohl wir vollgestopft sind. Man isst ständig und merkt nicht einmal mehr, was man sich die ganze Zeit in den Mund stopft. Der Körper kommt so nicht mehr zur Ruhe und kann nicht ausreichend regenerieren, weil er seine Energie dafür verbraucht, diese Produkte einigermaßen zu verdauen oder so schnell wie möglich wieder loszuwerden. Wir leben trotzdem weiter, sind aber nicht ausreichend ernährt.

Nur weil sich die Beschwerden nicht sofort zeigen, heißt das nicht, dass uns diese Kunstnahrung guttut. Manchmal vergehen Jahre, bis sich der körperliche Zerfall und das Ausmaß der Fehlernährung zeigen, die dann jedoch kaum mehr oder nur durch eine konsequente Umstellung der Ernährung zu reparieren sind. Ein Zuviel an verarbeiteter und «totgekochter» Nahrung beeinträchtigt die Körperfunktionen. Ein Zeichen dafür ist, dass man sich nach dem Essen müde fühlt statt voller Energie und Tatendrang.

Um den Mangel in der Nahrung auszugleichen, empfiehlt man uns, zusätzlich künstlich hergestellte Vitamine einzunehmen. Nahrungsergänzungsmittel sollen den Minderwert der täglichen Nahrung ausgleichen. Nicht zu vergessen sind die vielen Produkte, die gegen zu viel Magensäure, gegen saures Aufstoßen, gegen Fettleibigkeit, gegen Kopfschmerzen, gegen Gicht, gegen Müdigkeit oder gegen Verdauungsstörungen angepriesen werden.

Die meisten Menschen fühlen sich gestresst, sind gereizt, nervös, abgeschlagen und energielos. Sobald sie diese Kunstprodukte gegessen haben, sind sie kaum noch in der Lage, richtig und klar zu denken, am liebsten würden sie sich einfach hinlegen und einfach nichts mehr tun. Dies ist ein klares Zeichen, dass man Dinge gegessen hat, die die Kraft rauben, anstatt Kraft zu geben.

Krankheiten sind, wie gesagt, eigentlich »nur« Funktionsstörungen des Körpers. Wir sind aufgefordert, uns wieder auf die Ursachen zu konzentrieren, anstatt dauernd nur die unangenehmen Wirkungen zu bekämpfen. Wir müssen wieder lernen, wie unser Körper funktioniert und was ihn nährt, stärkt und belebt, so dass er seine natürlichen, selbsterhaltenden Funktionen wieder optimal ausführen kann. Unser Körper ist ein Wunderwerk, und er ist in der Lage, sich ständig zu erneuern und zu regenerieren. Jede Form von Übergewicht ist ein sicheres Zeichen dafür, dass der Körper die Dinge, die er nicht verstoffwechseln kann, im Gewebe zwischenlagert. Wie bereits gesagt, kommt er nicht mehr dazu, diesen überflüssigen Ballast wieder loszuwerden. Hochwertige, natürliche Nahrung optimiert dagegen die Körperform und führt dazu, dass der Körper allen Ballast wieder selbst ausleiten kann. In unserer Zivilisation leidet der größte Teil der Menschen unter Darmproblemen, vor allem Verstopfung ist ein weit verbreitetes Thema – mit der richtigen Ernährung wäre auch dieses Problem gebannt.

Essen dient oft nicht mehr der Ernährung, sondern ist eine Form der emotionalen Belohnung. Dies zeigt sich darin, dass wir meist zu viel und auch noch das Falsche essen.

Essen dient überdies dem sozialen Miteinander. Wir gönnen uns »etwas Gutes«, obwohl wir wissen, dass es unserem Körper schadet. Die Ausnahmen werden zur Regel.

Kinder werden mit Süßigkeiten belohnt, wenn sie artig und lieb waren. Man lockt sie mit Schokolade, Gummibärchen, Chips und Cola, um sie gefügig zu machen. Dabei merken wir nicht, dass wir ihnen genau damit schaden. Doch auch für uns selbst legen wir nicht mehr Achtsamkeit und Aufmerksamkeit an den Tag. – Warum gibt es immer mehr Kinder, die Kopfschmerzen, Haltungsschäden, psychische Störungen oder Konzentrationsschwierigkeiten haben? Künstlich hergestellte und pasteurisierte Lebensmittel behindern Gehirn und Körper in ihren natürlichen Funktionen.

Viele der künstlichen Lebensmittel enthalten Lockstoffe, versprechen einen besonderen Genuss und sollen ein spezielles Lebensgefühl vermitteln – und die meisten davon enthalten Zucker als Konservierungsmittel. Die Werbung verspricht *den* besonderen Genuss. Man arbeitet mit Bildern, um das Interesse der Masse zu wecken. Das schöne Aussehen lenkt von der Schädlichkeit ab. Je schlechter das Produkt ist, umso mehr Werbung wird dafür gemacht. Man gibt vor, dass in Bonbons Fruchtsaft enthalten ist, der ja so gesund sein soll, oder man erklärt, dass »nur Fruchtzucker« enthalten ist, damit der Konsument glaubt, er würde »gesunden Zucker« zu sich nehmen.

Die aufgedruckten Drohungen auf den Zigarettenpackungen hingegen verstärken die negativen Auswirkungen des Rauchens noch zusätzlich. Anstatt die Menschen an ihre Gesundheit zu erinnern, malt man auf den Packungen die schrecklichsten Krankheitszustände aus und verstärkt somit noch die schrecklichen Folgen. Viele Raucher sind gegenüber diesen Warnungen zwar bereits abgestumpft, doch die aufgedruckten Horrorvisionen wirken immer auf das Unterbewusstsein. Die Sucht ist stärker als die wirkliche Lebensqualität. Das Verrückte daran ist, dass Raucher den schädlichen Rauch in die Luft blasen, und so haben wir alle etwas davon.

Damit die Schädlichkeit des Rauchens in den Hintergrund gedrängt wird, hebt man die Freiheit und die Coolness des Rauchers hervor. Ein Mensch, der sich selbst nicht spürt, schadet sich dauernd selbst. Ich empfehle, dass man auf die Zigarettenpackungen »**Denke an deine natürliche Gesundheit und an dein Wohlbefinden!**« druckt, denn das würde dazu führen, dass der Resonanzpunkt Gesundheit wieder aktiviert würde und dass der Mensch mit der Zeit alles ablegt, was seiner Gesundheit nicht dienlich ist.

Wer das Gute anregt,
braucht das Schlechte nicht zu fürchten!

24

Optimale Ernährung

Die Erdoberfläche besteht zu mindestens 71 Prozent aus Wasser, der Rest ist festes Material. Auch wir Menschen haben einen Körper, der zu mindestens 71 Prozent aus Wasser besteht. 70 Prozent unserer täglichen Nahrung sollte daher ebenfalls zu mindestens 70 Prozent und mehr Wasser enthalten. Das sind frische Früchte, rohes Gemüse und Salate. 30 Prozent der täglichen Nahrung kann gekocht und fest (z. B. Brot, Teigwaren, die sich aus verschiedenen Produkten zusammensetzen) sein. Wenn wir nur bereits dieses Mischverhältnis beachten würden, würden sich unsere körperlichen Beschwerden deutlich und sichtbar verringern.

Im Austausch mit bewussten Menschen erlebte ich immer wieder, wie das Natürliche den Geist belebt (klares Denken), wie die Psyche gefestigt wird (Selbstsicherheit und Wohlgefühl) und wie der Körper allen überflüssigen Ballast (Übergewicht) von selbst wieder abbaut – und zwar so, dass sich das Gewebe von innen her wieder zusammenzieht. (Siehe auch: Norman W. Walker, »Auch Sie können wieder jünger werden«.)

Die Natur, also die Pflanzen, nehmen die neue Energie und das verstärkte Licht am schnellsten, innerhalb kürzester Zeit (72 Std.) auf. Je mehr naturbelassene Nahrung wir daher in Form von frischen Früchten (Sonnenkost), frisch gepressten Obst- und Gemüsesäften, Salaten und Rohkost zu uns nehmen, umso schneller wird sich unser Körper vom alten Ballast befreien und sich sichtlich verjüngen können. Natürliche Nahrung schenkt uns Vitalität und Lebenskraft. Frische, natürliche Lebensmittel stärken unseren Körper und haben eine positive Wirkung auf unser Gehirn, auf unsere Psyche und auf unser Verhalten. Gibt es nicht zu denken, wenn man nach dem Essen, anstatt Energie zu haben, müde wird? Gleichzeitig sind in der Naturkost die Manipulationsprogramme der Lebensmittelindustrie ausgeschlossen. Indem wir mehr vegetarische, frische Produkte (Obst, Gemüse, Nüsse) zu uns nehmen, tun wir auch wirklich etwas für den Umweltschutz und für das Klima auf der Erde. Denn Früchte wachsen an der Sonne, wir müssen sie nicht kochen und würzen, sondern können sie pur genießen. Sie geben unserem Körper alles, was er für optimale Funktionen braucht.

Pflanzen tragen, wie erwähnt, das neue Licht bereits in sich, und indem wir diese – ungekocht – zu uns nehmen, schleusen wir dieses Licht direkt in unsere Zellen und in unser Körpersystem. Dies hilft uns, uns auch körperlich schneller an die neue Energieebene zu akklimatisieren. Wenn wir den Anteil roher pflanzlicher Nahrung erhöhen, scheidet der Körper die eingelagerten Giftstoffe aus seinem Gewebe aus. Er reinigt sich durch die Früchte des Himmels, nämlich durch frisches Obst und frisch gepresste Fruchtsäfte.

Je weniger Giftstoffe sich in unserem Gewebe befinden, umso weniger Lust haben wir zudem auf ungesunde Nahrung.

Zurück zur Natur heißt demnach die Devise, und dadurch können wir uns selbst viel Leid ersparen. Die Ärzte der Zukunft werden für die Gesundheit arbeiten und nicht mehr Krankheiten behandeln. Man wird vermehrt die gesamten Körperfunktionen studieren und wieder das ganze Zusammenwirken aller Faktoren erkennen, es beachten; und dementsprechend wird sich die Behandlungsweise verändern. Die neuen Heilmittel werden auf Pflanzen, auf den entsprechenden emotionalen Frequenzen und auf erhöhten Schwingungen basieren. Geist, Gefühl und Materie werden sich in den neuen Heilmitteln wirkungsvoll ergänzen.

Ganzheitliche Gesundheit manifestiert sich in »gesunden Gedanken«, in geklärten Gefühlen und in »gesundem, qualitativ hochwertigem, schmackhaftem Essen«. Das Licht in unseren Gedanken und die Leichtigkeit in unseren Gefühlen bringen uns dazu, uns auch körperlich wieder zu spüren und uns auch da das Beste zu gönnen.

Essen Sie sich gesund, und essen Sie hauptsächlich natürliche Produkte.

Unser Körper benötigt den größten Teil seiner Energie zur Verdauung, vor allem dann, wenn wir schlechte Nahrung zu uns nehmen. Diese Energie fehlt ihm aber letztendlich für seine natürliche Erneuerung und Regeneration. Er muss seine grundsätzlichen Arbeiten vernachlässigen, weil er dauernd damit beschäftigt ist, das Gift, das ihn belastet, schnellstmöglich wieder loszuwerden.

Jede Form von Übergewicht ist die Ansammlung unverarbeiteter Giftstoffe, die der Körper im Gewebe eingelagert hat. Dort stört es die Körperfunktionen am wenigsten. Bis dem Körper irgendwann alles zu viel wird. Dann reagiert er mit Krankheiten, denn diese sind bloß ein Versuch des Körpers, seine Giftstoffe loszuwerden. Fieber beispielsweise zeigt die Überlastung im Herz-/Kreislaufsystem. Der Körper versucht, das Gift durch Schwitzen über die Haut auszuscheiden.

Im Notfall schaltet er die Geschmacksnerven aus, und wir haben auf nichts mehr Appetit. Wenn Tiere krank sind, verweigern sie die Nahrung, weil der Körper seine Energie anderweitig eher benötigt. Es ist völlig natürlich, dass wir in einem Moment des Unwohlseins keinen Appetit verspüren und nichts mehr essen können. Doch der dumme Mensch versteht dies nicht und zwingt sich dazu, etwas zu essen, obwohl er gar keine Lust hat. Nun isst man z. B. eine Hühnerbrühe und glaubt, diese täte einem gut, weil die Beschwerden besser geworden sind. Dabei ist eigentlich nur eines passiert: Die Ausleitung des Giftes wurde unterbrochen. Sicherlich ist es nicht unbedingt angenehm, wenn der Körper sein Gift und seinen Abfall entsorgt. Es stinkt, es ist unangenehm, es schmerzt, es treibt, es macht und tut. Dennoch: Wir sind aufgefordert, unseren Körper darin zu unterstützen, seine Giftstoffe loszuwerden, anstatt ihn daran zu hindern. Jede Reinigung geht immer mit unangenehmen Gerüchen und Beschwerden einher. Unser Körper ist eine intelligente Maschine, die von einem vollkommenen Schöpfer gebaut wurde.

Weil Menschen ihren Körper tagtäglich mit Nahrung belasten, machen die Pharmakonzerne und die Lebensmittelkonzerne immer größere finanzielle Gewinne – zu Lasten der Natur. Aber jeder von uns hat die Wahl, ob er bei diesen Machenschaften mitmacht oder ob er sich selbst befreit und sein eigener Herr ist. Die anderen bleiben Sklaven ihrer Herren und haben die entsprechenden Folgen zu erdulden.

25

Mehr Rohkost – warum und wieso?

Enzyme und ihre wichtige Bedeutung

Aus verschiedenen Studien ist bekannt, dass junge Menschen über hohe Enzymreserven im Gewebe verfügen. Ältere hingegen weisen nur noch ein geringes Reservoir auf, zuweilen sind die Vorräte auch ganz erschöpft. Nimmt ein jüngerer Mensch gekochte Nahrung zu sich, schütten seine Organe und Körperflüssigkeiten weitaus mehr Enzyme aus als die älterer Menschen, denn jahrelange Ernährung durch gekochte Nahrung zehrt an den Enzymreserven.

Da die heutige Nahrung vorwiegend hitzebehandelt ist, enthält sie nur noch einen kleinen Teil ihres ursprünglichen Enzymgehaltes. Das belastet den Organismus und kann zu verschiedenen Erkrankungen wie Verstopfung, Kreislaufstörungen, Magengeschwüren, Krebs, Arthritis, Arthrose usw. führen. Aufgrund einer schlecht funktionierenden Verdauung im fortschreitenden Alter gärt die gekochte Nahrung im Verdauungstrakt, und es werden Giftstoffe erzeugt. Das Blut absorbiert diese (Toxämie = die Schädigung des Blutes durch Giftstoffe), und sie werden in den Gelenken und Geweben abgelagert. Weitere Giftstoffe befinden sich auch schon vorab in der heutigen Nahrung, es sind dies die Zusatzstoffe von Lebensmitteln, wie Stabilisatoren, Konservierungsmittel, Rückstände von Pestiziden und Düngemitteln, Produkte aus denaturierten Herstellungsprozessen, Früherhnten oder zu langer Lagerung. Diese Xenobiotika (naturfremde Stoffe) müssen vom Körper durch Hunderte von konstitutiven oder induktiven Enzymen versorgt werden. Ein Abtransport kann durch ballaststoffreiche Nahrung und allenfalls durch natürliche Enzympräparate sinnvoll unterstützt werden.

Chronische Krankheiten belasten den Körper und berauben ihn seiner Vitamine, Spurenelemente und Enzyme. Bei akuten Schüben steigt zunächst der Enzymgehalt im Blut, Urin und Stuhl an, denn die Enzyme werden im Kampf gegen die Krankheit benötigt und ausgeschüttet. Hier greift der Körper auf seine Reserven zurück – soweit vorhanden. Sind diese aufgebraucht, sinkt der Enzymspiegel schnell ab. Wenn dieser so niedrig ist, dass die Stoffwechselprozesse darunter leiden, führt dies langsam zum Tod. Eine hohe Enzymaktivität hingegen erhält die Stoffwechselprozesse aufrecht, und die Enzyme beschleunigen als Katalysatoren alle chemischen Reaktionen im Körper. Außerdem besteht eine Verbindung zwischen dem Immunsystem und den Enzymreserven – je höher der Enzymgehalt ist, desto stärker ist das Immunsystem.

Früchte sind die Sonnenkost, die Licht und Leichtigkeit in jede Zelle unseres Körpers bringt!

Die Pflanzen nehmen die neue Energie, die nun zusehends stärker wird, innerhalb von 48 bis 72 Stunden in sich auf; Mensch und Tier brauchen dazu mehr Zeit. Essen wir nun diese energetische Naturnahrung, so versorgen wir unsere Zellen am schnellsten mit der neuen Energie und dem verstärkten Licht.

Forscher sagen, dass der Mensch vom Affen abstammt, und wenn dies so ist, dann ist der Mensch nur ein Früchte- und Gemüseesser, mit Sicherheit kein Fleischesser. Die Beschaffenheit unserer Zähne und unseres Darmes belegt dies ebenfalls.

Es gibt Menschen, die glauben, sie würden Obst nicht vertragen. Sie sagen, dass sie es sehr gerne essen würden, aber dass es ihnen Verdauungsprobleme bereitet. Dies liegt nur daran, dass man es zur falschen Zeit in der falschen Kombination zu sich nimmt. Obst ist ohne Zweifel die beste, Energie spendende, das Lebensgefühl stärkende Nahrung, die wir zu uns nehmen können. Es sind die Früchte des Himmels, die uns alles geben, was uns gesund, glücklich und jung erhält. Ja, wenn sie richtig verzehrt werden.

Sport ist Mord!

Sport ist dann gesund, wenn wir diesen aus Freude an der Bewegung genießen. Schädlich wird die sportliche Betätigung immer dann, wenn wir aus dem schlechten Gewissen heraus handeln. Man hat sozusagen beim Essen »gesündigt« (man beachte alleine schon diese Bezeichnung), und nun will man die Sünden der Ernährung durch Sport wieder ausgleichen. Eigentlich ist es genau das, was erneut schadet. Der Körper ist durch die schlechte Nahrung energetisch geschwächt, und er kämpft darum, dass er diese schlechten Stoffe wieder loswird. Man fühlt sich müde und ausgelaugt, und nun zwingt man seinen Körper zu Höchstleistungen, obwohl er gerade durch die falsche Nahrung geschwächt worden ist und damit bereits genug zu kämpfen hat. Wer aus Zwang Gutes tut, der wird auch durch dieses erzwungene »Gut« geschädigt. Ich beobachte oft Jogger, wie sie sich mit gequälten Gesichtern zwingen, eine bestimmte Strecke in einer festgelegten Zeit zu laufen. Die Angst, zu dick zu werden, oder der Zwang, das vorhandene Übergewicht wieder loszuwerden, zwingt sie zu rennen.

Geistige, seelische, physische Ernährung

Leider bezieht der größte Teil der Menschheit seine geistige Bildung aus dem Fernsehen und aus den Medien. Viele Menschen denken nicht mehr selbst, sondern verlassen sich auf die Einsichten und Ansichten von Menschen, die sich als wissend ausgeben. Auch hier sind wir gefordert, wählerisch zu sein, mit was wir unseren Geist speisen.

Die physische Ernährung beeinflusst unser Denken, unser Fühlen und natürlich unser körperliches Wohlbefinden. Durch die bewusste Ernährung verjüngt sich unser Körper sichtbar.

Vielleicht dauert es seine Zeit, bis Sie die ersten Zeichen sehen, aber wenn es Ihnen bewusst ist, dann werden Sie nun verstärkt darauf achten, wie Sie sich ab jetzt ernähren.

Genauso nähren wir uns emotional und gefühlsmäßig durch unsere Beziehungen. Hier gilt es auch, darauf zu achten, dass man sich vermehrt mit Menschen umgibt, mit denen ein bereichernder Austausch möglich ist. Die persönlichen Gefühle sollten wieder zur Geltung kommen. Bewusste Beziehungen basieren auf einem gemeinsamen Nenner.

Jeder Mensch ist so weit, wie er es sich selbst erlaubt. Keiner kann einen anderen Menschen mit Zwang und Druck zum Guten bewegen.

26

Partnerschaften & andere Lebensbeziehungen

Die gelebte Liebe in Form von Partnerschaften und anderen Lebensgemeinschaften bekommt eine immer größere, vor allem aber eine andere Grundlage. In der Vergangenheit kreierten die Frauen die Vorstellung, dass sie den Mann als Beschützer und Ernährer für sich und ihre Kinder brauchen. Dafür bekam er Liebe, Geborgenheit und Zärtlichkeit. Frauen suchten und suchen sich ihre Partner danach aus, ob diese körperlich attraktiv und finanziell leistungsfähig sind, und sie schauten und schauen darauf, welchen sozialen Status sie ihnen bieten können. Sie nimmt seinen Namen an und steigt durch ihn gesellschaftlich auf oder ab. Das war bzw. ist der Deal.

Die Männer wiederum belebten die Vorstellung, dass sie für ihre finanziellen und körperlichen Leistungen mit Liebe und Zärtlichkeit belohnt werden. Sie waren immer gefordert, die Liebe einer Frau zu gewinnen, lebten aber auch ständig in der Angst, diese Liebe wieder zu verlieren. Sie waren ständig bestrebt, die erwarteten Leistungen zu erfüllen. Auch war und ist zu beobachten, dass Männer bei einer Trennung die Befürchtung kennen, dass ihnen die Liebe der Kinder ebenfalls verloren gehen könnte. Männer fühlten sich zudem im Liebesspiel unterlegen, was sehr häufig Aggressionen auslöste.

Geld für Liebe, Liebe für Geld – das ist das Abkommen, das in vielen Beziehungen mehr oder weniger deutlich zu erkennen ist. Aber auch in der Kindheit erleben wir »Leistung für Liebe«, »Liebe für Leistung«, und mit dieser inneren Fehlhaltung schlagen wir uns durchs Leben.

Mann und Frau fühlten sich abhängig, und dies führte dazu, dass man Kompromisse machte. Kompromisse wirken allerdings immer gegen die eigene Persönlichkeit, und daraus entstehen Frust, Unzufriedenheit und Enttäuschung. An einem Kompromiss ist letztendlich immer etwas faul.

Solange die alten, verankerten Bedürftigkeiten sich in Erwartungen an den Partner oder die Partnerin ausdrückten und somit die persönliche Eigenmacht nicht bewusst erkannt wurde, ist die freie Liebe in den zwischenmenschlichen Beziehungen kaum möglich gewesen. Die Herzen hatten sich verschlossen, und der Fokus wurde auf den Verstand und die gesellschaftlichen und materiellen Strukturen gerichtet. Die Menschen haben vergessen, wie die wahre Berührung durch die echte Liebe wirklich aussieht. Die Begegnungen, bei denen der eine den anderen wirklich berührt, werden zunehmen, wenn jeder einzelne Mensch in sein eigenes Gefühl zurückkehrt.

Die Beziehungen wurden zudem gesellschaftlichen Regeln unterworfen. Herzensentscheidungen aber stellen den Verstand hintan und erweitern das persönliche Glück. In der 5. Dimension wird man Partnerschaften aufgrund von tiefen, sich ergänzenden Seelenverbindungen eingehen. Das Aussehen wird dabei kaum mehr eine Rolle spielen, sondern nur, ob die Liebe weiter wachsen und gedeihen kann. Dazu gehört auch die Erfüllung körperlicher Lust. Die seelische Harmonie und der seelische Gleichklang bestimmen das Miteinander zweier sich liebender Seelen in einer Lebensgemeinschaft. Das wird zum Garant werden, dass daraus glückliche Kinder erwachsen, die auch ihre Kraft, ihre Liebe, ihr Vertrauen und ihre kosmische Stärke voll weiterentwickeln können. Dies dient wiederum dem Wohle des Ganzen.

Die Seelenpartner erkennen sich an den gleichen Zielsetzungen und Lebensphilosophien. Man entwickelt und inspiriert sich gleichzeitig, wobei jeder den anderen dazu inspiriert, in seinem Sinn zu wachsen und zu sein. Jeder Partner handelt aber in erster Linie immer aus der Eigenverantwortlichkeit sich selbst gegenüber. Jeder ist für sein Glück verantwortlich und überträgt diese Verantwortung nicht mehr auf den Liebespartner. Zusammen das eigene Glück zu teilen, das ist das Ziel künftiger Partnerschaften und Lebensgemeinschaften. Man wird die Dinge nicht mehr für die Beziehung, für den Partner, für die Kinder, für die anderen tun, sondern man wird es tun, weil man es für sich selbst will. Die kosmischen Gesetze werden wieder ganz verstanden, und deren Beachtung führt zu wirklichem Wohlbefinden. In Wahrheit tun wir eigentlich sowieso alles für uns selbst. »*Was du willst, das man dir tut, das tue zuerst für einen anderen.*« Was wir geben, erhalten wir verstärkt zurück. Der Schlüssel zum Glück liegt in unserem Herzen und wird durch die Weisheit des Geistes gelenkt. Eine Seelenpartnerschaft bedeutet also, dass sich beide Seelen so lieben, dass sie sich gegenseitig dazu inspirieren, den schönen und wahrhaftigen Kern ihrer Fähigkeiten in sich zu entwickeln. Durch das bewusste Miteinander entsteht eine achtsame Lebenskultur unter den Menschen. Man wird die Liebe leben, die Freude teilen und gemeinsam eine Welt erschaffen, in der alle im Wohlstand und im Frieden leben.

Zurzeit verleiten die fehlende Liebe, die fehlende Aufmerksamkeit sowie das fehlende Gespür immer noch viele Menschen dazu, sich mit Drogen den Rest an Gefühl abzutöten und ihren Schmerz im Alkohol zu ertränken. Indem Menschen ihren Neid, ihre Besitzgier, ihre Eifersucht oder ihre Missgunst nähren, fügen sie sich endlose Schmerzen zu. Diese Emotionen werden von Menschen, die solche Manipulationen für ihre eigenen Zwecke nutzen, geschürt, denn süchtige Menschen müssen arbeiten, und sie lassen sich leichter gefügig machen, wenn sie nicht nach dem Sinn des Lebens fragen.

Harmonie und Gemeinschaft können nur durch die bewusste Verbindung in göttlicher Liebe und im Einklang mit den kosmischen Gesetzen gefunden werden. Jede Partnerschaft sollte auf ihren spirituellen Inhalt hin geprüft werden. Jede Partnerschaft, die nicht den Keim wahrer Liebe in sich trägt, wird sich definitiv auflösen, denn in der Ebene der 5. Dimension wird immer weniger Platz für Besitzgier, Aufopferung und Selbstlüge sein. Gemeinsame Ziele prägen das Gemeinschaftswohl.

Um die wahre Erfüllung in seiner Lebenspartnerschaft zu finden, ist es wichtig, dass sich jeder Einzelne auf den Weg zu sich selbst macht. Es ist wichtig, in die Entwicklung und in die Entdeckung der inneren Werte zu investieren, denn nur dadurch ziehen wir auch im Außen das wahre Glück an. Die Frauen werden vermehrt Führungspositionen einnehmen, wenn sie ihre eigene Macht entdecken. Sie brauchen den Mann nicht mehr als finanzielle Unterstützung, sondern sie schaffen es selbst, materiellen Wohlstand zu erschaffen. Die Männer entdecken ihre eigene Liebeskraft und finden ihre Kraft in der Eigenliebe. Sie erwachen in ihrem Gefühl und leben die Liebe freier und entspannter.

Durch die Kraft gemeinsamer, spiritueller Ziele werden die persönlichen Projekte angeregt, und sie werden reiche Ernte bringen. Es ist von großer Wichtigkeit und kann die Dinge positiv beschleunigen, wenn man sich in Gruppen trifft und seine Erkenntnisse mitteilt, denn mit vereinten Kräften werden sich die neuen Grundlagen schneller verwirklichen. Es ist dabei von großer Bedeutung, mit welchen Menschen man sich zusammentut, denn die gemeinsame Energie trägt oder behindert das persönliche Verwirklichen maßgeblich.

27

Die besonderen Fähigkeiten der heutigen Kinder

In den letzten 25 Jahren sind Begriffe wie Indigo-, Kristall-, Sternenkinder u. a. aufgetaucht, die den besonderen Gaben dieser Kinder gerecht werden sollten. Es werden eigentlich nur noch Kinder geboren, die mit besonderen Gaben in diese Welt kommen. Kinder mit vollständig aktivierten DNS-Strängen besitzen die Fähigkeit, besonders intensiv mit ihrem Herzen zu fühlen. Sie sind sehr intelligent und erfassen Lernaufgaben mit Leichtigkeit. Sie können Dinge und Ereignisse vorausahnen, und sie sprechen auch darüber. Sie können die Naturwesen sehen, und sie nehmen die Elemente der Erde, der Natur mit besonderer Achtsamkeit wahr.

Diese Fähigkeiten könnten jedoch blockiert werden, wenn man die besonderen Begabungen dieser Kinder in den Anfangsjahren nicht erkennt und fördert. Dies bedingt natürlich, dass die Erwachsenen aufmerksam, achtsam und bereit sind, Neues zu lernen, ansonsten würden die mangelnde Sensibilität und der Gesellschaftsdruck die Fähigkeiten der Kinder blockieren. Die Eltern und Lehrer wachsen selbst in einem positiven Sinn, wenn sie den Kindern bewusst begegnen. So werden solche Kinder zu einem persönlichen Gewinn.

Eltern und Lehrer haben eine ganz besondere Verantwortung, was die Entwicklung der Kinder anbelangt. Leider gibt es noch viele Lehrer, die den Kindern das Leben schwer machen, anstatt ihnen mit Freude Wissen und Weisheit zu vermitteln. Kinder sind neugierig und wollen lernen. Sie wollen wachsen und sind ständig in Bewegung, um alles, was um sie herum geschieht, zu erfassen und zu begreifen. Ein Lehrer, der selbst nicht mehr dazulernt und selbst keine Freude am Lernen hat, der wird seine Schüler kaum begeistern können. Nur wer selbst begeistert ist, der wird andere begeistern können. Auch Eltern, die glauben, sie müssten gar nichts mehr lernen, und die dabei auch noch ständig ihre eigenen Probleme verdrängen, werden zum Entwicklungshindernis ihrer begabten Kinder. Es verwundert nicht, dass so viele rebellieren und die Erwachsenen zu bewusstem Handeln herausfordern.

Wie bereits erwähnt, inkarnieren seit den 80er-Jahren nur noch Seelen, die den Stand von erwachsenen, reifen und Meisterseelen haben. Diese Kinder nehmen meist nur von den Menschen etwas an, die das, was sie weitergeben, selbst leben. Meisterseelen streben nach Eigenständigkeit. Sie lieben es überhaupt nicht, wenn man sich ständig Sorgen um sie macht. Am liebsten haben sie es, wenn man ihnen Dinge zutraut und wenn man ihre persönliche Macht respektiert und fördert.

Wie bereits gesagt, sind Eltern solcher Kinder aufgefordert, selbst zu wachsen und ihren Horizont zu erweitern. Es ist ein Privileg, Eltern eines solchen Kindes zu sein. Entdeckt, begreift und lebt man die eigene Macht aber nicht, dann wird das Miteinander schwierig werden. Die Eltern wie auch die Lehrer sind aufgefordert, ihre eigenen Ängste, Bedenken und Geisteshaltungen zu überprüfen und umzustellen. Ansonsten wird man an diesen Kindern verzweifeln, weil sie Widerstand leisten und sich auf jede Art und Weise durchzusetzen versuchen. Am rebellischsten sind sie, wenn man sie in ihrer Entwicklung behindert. Geht man den Weg aber mit ihnen, dann wachsen beide Teile in einem Maß, das sich kaum beschreiben lässt.

Diese besonderen Kinder lieben Rituale in der Natur und sind an Naturphänomenen interessiert. Sie sehen Engel und andere Geistwesen und können dadurch den Horizont der Erwachsenen erweitern und sie sensibilisieren. Sie lieben besonders auch Rituale, in denen das Miteinander zur Geltung kommt. Wenn wir Erwachsenen begriffen haben, dass Wettbewerb und Konkurrenzkampf nur die Lebensfreude hemmen, werden wir wieder Freude am Spiel haben, und das Gewinnen wird in den Hintergrund treten. Lernen wir mit den Kindern, persönliche und gemeinsame Ziele zu erreichen, um die Erfüllung dann gemeinsam zu feiern. Dies wird sie anspornen in ihrem Wachsen und in ihrem wunderbaren Werden.

28

Alles ist eine Frage des Bewusstseins

Einmal mehr:
Gedanke + Gefühl = Schöpfungsmacht

Du bist, was du isst!
Du hast, was du denkst!
Du erlebst, was du fühlst!

Wir neigen dazu, uns an vergangene Erinnerungen oder an zukünftige Erwartungen zu klammern. In solchen Fällen leben wir ständig außerhalb des Schöpfermomentes. Wir sind sozusagen ständig abwesend. Entweder leidet man unter seiner Vergangenheit oder verkümmert in den Sorgen um die Zukunft. Doch nur im Hier und Jetzt findet das eigentliche Leben statt. Im Jetzt verändert sich die Vergangenheit, und im Jetzt gestaltet sich die Zukunft. Nur das Jetzt ist wirklich von Bedeutung, und es ist besonders wichtig, dass wir uns darauf konzentrieren, denn nur im Jetzt können wir bewusst neue Impulse setzen.

Was ist jetzt gerade der Fall? Hängen wir in den Erinnerungen, gelingt es uns kaum, den jetzigen Moment zu unserem Wohl zu nutzen.

Das Leben schafft nicht unsere Gefühle, sondern unsere Gefühle erschaffen das Leben um uns herum. Mit dieser Wahrheit gestalten wir unser Leben freudvoll und erfolgreich – oder eben nicht.

Es geht nicht darum, das Alte zu bekämpfen und aufzulösen, sondern es geht darum, eine neue Realität zu erschaffen. Jede Form von Kampf erschafft Gegner, an denen man scheitern muss.

OPTIMIEREN und nicht korrigieren
ist die Aufforderung für jeden,
der sich eine neue Lebensqualität
gönnen will!

Jede Form von Wertung führt zu einer einseitigen Haltung, die das Gegenteil anzieht (Gesetz der Polarität).

29

Sich seiner selbst bewusst sein!

Unser Bewusstsein ist, was wir in unserem Inneren an Gedanken und Gefühlen, Überzeugungen, selbst gewählten Wahrheiten und Glaubenssätzen pflegen und leben. Darin zeigt sich der Grad unseres Seelenbewusstseins.

Bewusstseinserweiterung findet dann statt, wenn wir unsere inneren Überzeugungen erkennen, unsere Ängste auflösen und uns durch Wissen, Erfahrung und die daraus gewonnenen Erkenntnisse über uns selbst hinaus ganzheitlich erweitern – und wenn wir dies ständig trainieren. »Ganzheitlich« heißt, eine sichtbare Erweiterung an Geist, Gefühl und Körper zu erfahren. Jede wahre Erkenntnis führt dazu, dass wir nicht nur anders denken, sondern dass wir anders handeln – und zwar nicht einmal, sondern dauerhaft, bis wir allenfalls zu einer neuen Erkenntnis gelangen. Nur sich seiner selbst bewusst zu sein, wird unser Verhalten auf Dauer verändern. Jegliche Form von Zwang führt zum Rückfall in alte Gewohnheiten; auch der Zwang zum Guten. Allein die Einsicht führt dazu, dass man versteht, welche Konsequenzen die Handlungen für uns selbst haben. Eigenliebe ist der Antrieb zur wesentlichen Lebensverbesserung.

Wer viel weiß und dieses Wissen nicht einsetzt, der bleibt stehen und wird in seinem Alltagsleben immer mehr unter Druck geraten. Das Leben wird zusehends schwieriger. Ich habe immer wieder gesehen, dass Menschen verstärkt in den Bereichen Schwierigkeiten haben, in denen sie nicht ihre volle Kraft einsetzen und in denen sie ihr vorhandenes Potenzial nicht nutzen. Die äußeren Schwierigkeiten sind eine Aufforderung, die inneren Kräfte zum Einsatz zu bringen. Jedes Hindernis fordert uns auf, unsere innere Macht verstärkt einzusetzen. So gibt es keine Probleme, sondern nur Situationen, die bewusst optimiert werden sollten. Krisensituationen sind wahrhaftige Chancen zur dauerhaften Steigerung der Lebensqualität.

Wie zeigt sich der Grad des individuellen Bewusstseins? Was ist Bewusstsein überhaupt? Das Wort Bewusstsein hat nichts mit Erleuchtung zu tun, sondern es ist die Bezeichnung für die persönliche Wahrnehmung. Was haben wir gespeichert, und was speichern wir weiter? Der Grad des individuellen Bewusstseins lässt sich an den persönlichen Interessen und an der persönlichen Aufmerksamkeit und Achtsamkeit gegenüber sich selbst, gegenüber den Mitmenschen und im Umgang mit der Natur erkennen.

Wir richten unser Interesse auf die Dinge, die unserem Seelenalter entsprechen. David R. Hawkins (»Power vs. Force«) legte nach jahrelangen Studien verschiedene Ebenen des menschlichen Bewusstseins fest. Er benutzte zur Kalibrierung des Bewusstseins unzählige kinesiologische Tests, und seine

Bewusstseinsskala beginnt bei Energieebene 20 und steigt bis zur höchsten Energieebene 700 bis 1000 an. Die höchste Ebene ist die Ebene der Erleuchtung. Ein einziger Avatar der höchsten Ebene vermag nach Hawkins Erkenntnissen die Energien der gesamten Menschheit auszugleichen und das kollektive Bewusstsein zu erhöhen. Hawkins behauptet, dass sich das kollektive Bewusstsein der Menschheit jahrhundertelang auf einer Energieebene um 190 herum bewegte. Er vermutet, dass wir erst gegen Ende des 20. Jahrhunderts den Sprung auf die gegenwärtige Ebene 207 (Mut – Neutralität) geschafft haben.

Wie können wir auf die Bewusstseinsebene gelangen, auf der wir von der neuen Bewusstseinsära mitgerissen werden? Es ist sehr viel Konzentration und Training nötig, um im Verlaufe eines Lebens auf eine höhere Bewusstseinsebene zu wechseln. Dies verlangt ein deutliches Plus an Bewusstheit und das Ablegen alter Gewohnheiten. Die erstaunlichen Forschungsergebnisse Hawkins zeigen den möglichen Einfluss von Menschen, die sich auf einer höheren Energieebene (als die Allgemeinheit) befinden, auf diejenigen, die auf den unteren Ebenen angesiedelt sind. Ein einziger Avatar der Energieebene 700 kann – wie bereits gesagt – nach Hawkins Erkenntnissen die negativen Energien der gesamten Menschheit ausgleichen und deren Erwachen fördern. Individuelles und kollektives Bewusstsein kann sich langsam, aber auch sprunghaft entwickeln. Ein einziger Mensch, der die Energieebene 500 (Liebe) verwirklicht hat, vermag die Negativität von 750.000 niedriger schwingenden Individuen auszugleichen. Ein Einzelner, der von der Ebene des Friedens (600) aus agiert, kann die Energien von 10 Millionen

Menschen neutralisieren. Selbst ein Mensch, der die Energieebene 310 (Bereitwilligkeit) lebt, kann die Energie von 90.000 Individuen auf niedrigeren Energieebenen stabilisieren und sie zu Höherem anregen.

Das kollektive Bewusstsein ist geprägt von gesellschaftlichen Sichtweisen und den gegebenen Gesellschaftsstrukturen. Ein bewusster Mensch wird sich jedoch nicht zwangsweise dem kollektiven Bewusstsein unterordnen, sondern er wird mit seinem höheren Bewusstsein das Bewusstsein aller in einer Art und Weise anregen, dass sie befreit werden. Das individuelle Bewusstsein zeigt sich in der Wahrnehmung der persönlichen Eigenverantwortlichkeit und im Wahrnehmen der eigenen Macht.

Was wir wie und auf welche Weise wahrnehmen, wird gleichzeitig durch unser Wertesystem bestimmt. Solange wir die Dinge bewerten, sind wir durch unsere Wertung einseitig befangen. Ich selbst mache oft dieses Experiment mit mir selbst, aber auch mit anderen Menschen. Ich frage mich: »Was nimmst du jetzt in diesem Moment wahr, wie empfindest du diese Situation?« Es lässt sich feststellen, dass nicht jeder das Gleiche wahrnimmt; obwohl alle das Gleiche betrachten, sehen aber noch lange nicht alle dasselbe. Solange wir in der Polarität gefangen sind, sehen wir die Dinge entweder gut oder schlecht, positiv oder negativ, weiß oder schwarz, möglich oder unmöglich. Streben wir aber danach, in die neutrale Mitte zu kommen (Meisterschaft über die Polarität), so sind wir frei in unserer Wahrnehmung, weil wir die Dinge aus der Perspektive der neutralen Mitte betrachten.

Es ist alles einfach, wie es ist.

Erst aus der neutralen Mitte heraus gelingt es uns, uns wirklich, tatsächlich und offen erkennbar aus der bestehenden Realität zu befreien und in höhere Seinsebenen aufzusteigen.

Bewusstseinsentwicklung im befreienden Sinn ist für jeden möglich und nur eine Trainingssache. Um als Meister zu wirken, sind wir aufgefordert, unsere Fähigkeiten zu erkennen und diese in jedem Moment, in jeder Situation zu trainieren. Unbewusste Menschen geben schnell auf und fallen dann wieder in alte Muster zurück. Bewusste Menschen nutzen die Chance und sehen in allem die Möglichkeit zu wachsen. Sie »bleiben dran« und wechseln nicht dauernd ihre Meinung, weil sie sich nicht vom Bewusstsein der kollektiven Masse verunsichern lassen. Menschen, die noch zu sehr durch das Kollektiv bestimmt sind, glauben alles, was in den Medien (Fernsehen, Presse, Radio, Internet) an Informationen verbreitet wird. Gerade jetzt ist der individuelle Mensch gefordert, sein Augenmerk nach innen, also auf sich selbst zu richten, wenn er nicht in den Machenschaften äußerer Zwänge und Ängste untergehen will.

Bewusstseinsentwicklung bedeutet Schulung, Training, und man muss immer wieder die Bereitschaft zeigen, seine Gewohnheiten (geistig, seelisch, physisch) zu überprüfen und durch Erkenntnisse zu wandeln. Ein wahrer Meister ist bereit, andere an ihren inneren Meister zu erinnern. Nicht der Meister, der am meisten Schüler hat, ist ein wahrer Meister, sondern derjenige, der am meisten Meister hervorbringt. So wird ein Meister seinen Schüler nicht zu einem bestimmten

Verhalten zwingen, sondern er wird ihn dazu bringen, selbst zu denken, selbst zu überlegen und die eigenen Gefühle wahrzunehmen.

Um also ganzheitlich zu Höchstleistungen fähig zu sein (Hellsehen, Hellhören, Hellfühlen, Heilen, Wunder wirken) ist stetes Training unumgänglich. All diese Fähigkeiten sind in jeder Seele vorhanden, und sie können durch konzentriertes Trainieren wieder hervorgebracht werden. Stellen Sie sich vor, Sie sind ein ehemaliger Hochleistungssportler, der 20 Jahre auf dem Sofa gesessen hat und nun seine nur brachliegenden, aber bereits vorhandenen Fähigkeiten wieder trainiert. Mit der Zeit kehren die alten Kräfte zurück, der Körper, also die materiellen Umstände, verändert sich ebenfalls im befreienden Sinn, und die ehemalige Leichtigkeit nimmt immer mehr Raum im Jetzt ein.

Der Schüler fragt den Meister:
»Wann habe ich mein Problem gelöst?«
Der Meister: »Wenn du es verstanden hast!«

30

Die drei Teile des Bewusstseins

Mittel- / Unter- / Überbewusstsein: Wie funktioniert unser Bewusstsein in der Praxis?

Nach meinen Erkenntnissen gliedert sich unser Bewusstsein in drei Wirkungsbereiche.

Mittelbewusstsein (Teil 1)

Den Bewusstseinsbereich 1 bezeichne ich hier als Mittel- oder rationales Bewusstsein. Mit unserem Mittelbewusstsein nehmen wir das wahr, was sich in unserer direkten, realen, materiellen Realität befindet, wie z. B. Menschen, Reaktionen, Gefühlsregungen, Raum, Zeit, Formen, Farben, Strukturen, Regeln, Gesetze, materielle Gegenstände, Atmosphäre usw. Gemäß unserer inneren Wertung und unserer inneren Ausrichtung nehmen wir zuerst die Dinge wahr, die wir begehren oder die wir ablehnen. Den Rest sehen wir zuerst überhaupt nicht. Es ist demnach eine Frage des Interesses, was wir wahrnehmen wollen. Es ist eine Frage der inneren Haltung, worauf wir unser Interesse richten. – Machen Sie das Experiment selbst. Zehn Personen sind im gleichen Raum, und nun soll jeder sagen, was er sieht und was sich alles in diesem Raum befindet. Sie werden feststellen, dass jeder andere Dinge wahrnimmt und dass man erst durch die ergänzende Wahrnehmung anderer seinen eigenen Horizont erweitert, ganz nach dem Motto: »Jetzt, da du es sagst, sehe ich es auch!«

Was fällt Ihnen als Erstes auf, wenn Sie auf einen Menschen treffen? Auf was achten Sie, wenn Sie Ihre Mutter besuchen? Achten Sie darauf, ob sie, wie immer, wieder die gleiche Frage stellt, oder gehen Sie jedes Mal völlig neutral und ohne bestimmte Absicht auf Ihre Mutter zu? Worauf konzentrieren Sie sich zuerst? Die Erfahrungen der Vergangenheit schränken unsere Sichtweise ebenfalls deutlich ein, wenn wir uns nicht im Jetzt befinden. Jetzt kann alles anders sein, auch die Gewohnheiten der Vergangenheit.

Unterbewusstsein (Teil 2)

Im Unterbewusstsein sind alle Opfer-Täter-Erfahrungen der Vorleben, der Kindheit, also der Vergangenheit gespeichert. Diese Erlebnisse sind uns zum größten Teil nicht mehr bewusst, und dennoch bestimmen sie unser Verhalten wesentlich. Dies sieht man daran, dass man vor bestimmten Situationen bereits im Vorfeld Schwierigkeiten erwartet, und man stellt sich darauf ein. Durch die Steuerung des Unterbewusstseins kommen wir gar nicht auf die Idee, das zukünftige Ereignis könnte einfach eine positive und erfreuliche Erfahrung werden.

In meinen Seminaren verwendete ich zur Anschauung oft folgende Geschichte:

»Ich sitze da und bin ganz zufrieden, ich denke an nichts Böses, sondern schaue friedlich in die Landschaft. Nun kommt eine Wespe angeflogen und sticht mich in die Hand. Ich bin erschüttert und kann gar nicht verstehen, warum mir dies passiert ist. Nun ist dieser Wespenstich eine schmerzhafte Erfahrung. Ich bin sozusagen das Opfer einer Wespe geworden. Vielleicht verschafft es mir noch Genugtuung, dass es mir gelungen ist, die Wespe totzuschlagen. Mit der Zeit heilt der Wespenstich ab, und die Erinnerung an diese Erfahrung verblasst, bis sie nach einiger Zeit völlig verschwindet. Ich denke mir: ›Nun, diese Erfahrung hast du jetzt gemacht‹, und ich denke, dass damit alles erledigt ist.

Jahre später, ich denke an nichts Besonderes, sondern sitze einfach nur friedlich da, kommt eine Wespe angeflogen. Sofort gerate ich in Panik, ich fuchtele wild herum, habe sofort Angst vor einem erneuten Stich, vergesse alles um mich herum und stehe wieder im Kampf mit einer Wespe, ich bin gezwungen zu reagieren. Die vergangene Erfahrung ist wieder voll präsent, nichts ist überstanden oder gar überwunden. Es geht nur noch darum, dass ich nicht wieder das Opfer einer Wespe werde, und ich versuche nur noch, den Stich zu verhindern.«

Wie wir daran erkennen können: Nichts ist gelöst. Die alte Erfahrung ist plötzlich wieder präsent und löst gespeicherte Ängste aus. Nur weil etwas vorbei ist, ist es noch lange nicht abgehakt, da wir unser Denken nicht neu ausgerichtet haben. Wir glauben, dass die Dinge, die hinter uns liegen, nun keine Bedeutung mehr haben. Dies erweist sich als verhängnisvoller Irrtum, denn solange wir unsere Opfermentalität nicht bewusst geändert haben, bleibt sie als energetische Anziehung bestehen.

Nun, die Lösung besteht darin, dass ich in diesem Moment geistesgegenwärtig in meine innere Kraft gehe und selbstbestimmt sowie im Bewusstsein meiner Macht die Situation wie folgt bestimme: »*Die Wespe fliegt an mir vorbei, mein Körper bleibt ganz und heil!*« Ich lasse nichts anderes als diese Wahrheit zu – und siehe da, es geschieht, wie ich es bestimmt habe. Nun ist dieses Ereignis wirklich gemeistert, und ich bin ganz frei von dieser ehemaligen Fremdbestimmung.

Im Unterbewusstsein sind, wie gesagt, alle vergangenen Opfer-Täter-Geschichten gespeichert, die immer wieder Situationen hervorrufen, in denen wir zu bestimmten Handlungen und Reaktionen gezwungen werden. Sie bilden unser persönliches Aktions- und Re-Aktionsmuster, und sie prägen und nähren unsere inneren Überzeugungen und damit unser Schwingungsmuster. Ein paar Beispiele: Wir geben uns alle Mühe, und gleichzeitig sind wir uns sicher, nicht zu genügen. Wir haben Angst, enttäuscht zu werden, und trotz aller Bemühungen erleben wir eine Enttäuschung nach der anderen. Wir wollen vermeiden, betrogen zu werden, und trotz aller Absicherung folgt der nächste Betrug. Wir haben Angst, belogen zu werden, und glauben gleichzeitig nicht an die eigene Wahrheit. Wir wollen andere dazu bringen, die Wahrheit zu sagen, obwohl wir die Wahrheit selbst erkennen können. Wir bewerben uns, sind aber gleichzeitig überzeugt, dass wir abgewiesen werden. Wir glauben an die Liebe, und gleichzeitig haben wir Angst, nicht geliebt zu werden.

Opfer-Täter-Geschichten sind die Folge von Ohnmacht und äußeren Abhängigkeiten. Wir geben anderen die Macht, über uns zu bestimmen, und vergessen unsere Eigen- und Voll-Macht. Um Opfer-Geschichten in der Tat zu meistern, ist es wichtig zu erkennen, dass wir die Situation immer selbst bestimmen. Auch wenn wir nicht bestimmen, ist es unsere Entscheidung, *nicht* zu bestimmen und andere bestimmen zu lassen. Dabei ist es äußerst wichtig, dass wir nicht die Personen bestimmen, sondern die Situationen. Es hätte nicht funktioniert, wenn ich bestimmt hätte: »Die Wespe sticht mich nicht«, sondern es funktioniert nur, wenn ich die Situation als Ganzes sehe und vor meinem inneren Auge »sehe«, wie ich in der friedlichen, achtsamen Begegnung mit der Wespe bin, die nun an mir vorbeifliegt. Dass ich überhaupt gestochen wurde, hatte nur damit zu tun, dass ich in meiner inneren Überzeugung – irgendwann – gespeichert hatte, dass Wespen angreifen und stechen. Übrigens habe ich durch dieses Bewusstsein auch Frieden mit den Mücken geschlossen, und interessanterweise werde ich kaum noch gestochen – und wenn, dann betrachte ich es als »Impfung der Natur«, um mein Immunsystem zu stärken. Alles stärkt mich.

Überbewusstsein (Teil 3)

Das Überbewusstsein ist der Teil in uns, der zu unseren bewussten, aber auch zu den unterbewussten Gedanken entsprechende Situationen erschafft. Unterbewusste Gedanken sind immer dann im Spiel, wenn wir etwas zu verhindern suchen. Unser Überbewusstsein wird dann eine Situation kreieren, in der genau das vorkommt, was wir verhindern wollten. Es unterscheidet und wählt nicht zwischen positiven oder negativen Gedanken. Gedanke ist Gedanke, und so kreiert uns unser Überbewusstsein wie der Geist aus der Flasche unsere Lebensumstände. Daher ist es wichtig, dass wir genau auf unsere Aussagen, aber auch auf unsere innere Haltung achten, denn das, was wir sagen und erwarten, ist immer ein Befehl an unser Überbewusstsein, in Aktion zu treten. Wir bestimmen das Ziel, und unser Überbewusstsein kreiert den individuellen Weg zum Ziel. Dabei ist es äußerst erfinderisch und sehr kreativ. Es hat es nicht gerne, wenn wir ihm den Weg zum Ziel vorgeben. Ein Beispiel: Ich bestimme finanziellen Reichtum in Form von 13 Millionen Euro. Nun denke ich, dass ich nur durch einen Lottogewinn an diese 13 Millionen Euro kommen kann. Damit schränke ich die Kreativität meines Überbewusstseins ein. Im Unterbewusstsein bin ich aber weiterhin überzeugt, dass die Wahrscheinlichkeit, im Lotto zu gewinnen, gering ist, und das Ganze bleibt ein unerfüllter Traum.

Ein weiteres Beispiel zum Thema Überbewusstsein aus meiner Praxis:
Ein Unternehmer, er isst gerne gut, trinkt gerne guten Wein, ist ein Gourmet und dabei aber auch ein Ästhet, dem ein

schlanker Körper besser gefällt. Nun ist er selbst durch diesen übermäßigen Genuss körperlich recht füllig geworden, und er wollte diesen Zustand ändern. Ich gab ihm zur Aufgabe, dass er während 40 Tagen jeden Tag aufschreiben sollte, wie er sich das Ideal seiner Lebensbereiche (Gesundheit-Körper / Partnerschaft-Beziehung / Beruf-Tätigkeit / Geld-finanzielle Werte / Fähigkeiten-Können / Materielles-Wohnen) vorstellt. Zum Thema Gesundheit-Körper hat er aufgeschrieben: »Ich will abnehmen und unter 90 kg wiegen.« Ich sagte ihm: »Es ist so sicher wie das Amen in der Kirche, dass Sie dick bleiben!« Er schaute mich ganz verdutzt und fragend an. Ich sagte ihm: »Durch diese Formulierung haben Sie Ihrem Überbewusstsein den Wunsch übermittelt ›abzunehmen‹, und dies ist ein direkter, konkreter Befehl. Ihr Überbewusstsein wird nun dafür sorgen, dass Ihr Körper immer zu dick ist, damit Sie immer genug ›abzunehmen‹ haben. Denn abnehmen ist Ihr Wunsch, und er wird so erfüllt.« Weiter erklärte ich ihm, dass auch der Wunsch »unter 90 kg zu wiegen« eine echte Gefahr in sich birgt. Erstens zeigt die Erwähnung des Gewichtes, wenn ich eigentlich Leichtigkeit will, nur, dass man unter seinem Gewicht leidet und dieses ablehnt. Ich erklärte ihm, dass der Wunsch, »unter 90 kg zu wiegen«, wie folgt in Erfüllung gehen könnte: »Vielleicht verlieren Sie ein Bein, und Sie stehen auf der Waage und wiegen nun unter 90 kg, Sie sind aber immer noch zu dick!« Meine Ausführungen leuchteten ihm ein, und er fragte mich: »Wie soll ich es denn formulieren?« Mein Rat lautete: »Ich will einen gesunden, schlanken Körper, also eine optimale Figur haben!«

Die Formulierung einer »schlanken Körperfigur« bestimmt das Endziel, abzunehmen ist die Programmierung eines Prozesses. Mein Kunde kam gar nicht auf die optimale Formulierung, denn der Wunsch nach weniger Körpergewicht führte dazu, dass er bereits befürchtete, er dürfe nun nicht mehr viel essen, er müsste auf jeglichen Genuss verzichten und er müsste Sport treiben, obwohl er eigentlich keine Lust dazu hatte. Alleine diese Vorstellungen führten dazu, dass er aus unterbewusstem Protest eher noch mehr gegessen und getrunken hat. Das Abnehmen wurde dagegen immer wieder auf morgen verlegt.

Bestimmen und visualisieren wir eine optimale Figur, natürliche Gesundheit und natürliche Schönheit, so werden wir immer mehr anziehen, was uns unserem Ziel näher bringt, und wir werden immer weniger Lust auf die Dinge haben, die das Gegenteil bewirken.

Es nutzt wenig, etwas Positives zu bestimmen, wenn man im nächsten Moment bereits wieder jammert. Für die Umstellung unserer Gedankenmuster sind Konzentration und Training nötig, und es wird kaum von heute auf morgen einfach so umgestellt werden können, was seit langer Zeit unsere Gewohnheit war.

31

Herz & Verstand /
Kopf oder Gefühl

Gerade in der heutigen Zeit sind wir enorm gefordert, die uns befreienden Informationen aus der überwältigenden Informationsflut herauszufiltern. Indem wir die Dinge mit unserem Gefühl betrachten, gelingt es uns, den jeweiligen Inhalt zu erfassen. Unser Verstand befasst sich vor allem mit dem Rahmen und den Umständen, also den Rahmenbedingungen. Er kennt den Inhalt nicht, er vermutet vielleicht einen, aber er weiß und fühlt diesen nicht wirklich. Betrachten wir die Dinge mit unserem Verstand, neigen wir dazu, uns etwas vorzumachen. Wir vermuten, wenn wir uns in einer anderen Situation befinden würden, würde es uns gut gehen. Diese Mutmaßungen sind allerdings, was sie sind: nur Vermutungen ohne die Sicherheit des Wissens. – Denken Sie wieder mit Ihrem Herzen, und fühlen Sie, was Sie denken!

32

Was ist Liebe?

Liebe dich selbst, dann können dich
die anderen gerne haben!

Eigenliebe ist die Bedingung, damit wir zur wahren Liebe fähig sind. Eigenliebe bedeutet, das zu tun, was wir tun wollen und was uns selbst Freude macht. Tun wir etwas für einen anderen Menschen, um dafür geliebt zu werden, verraten wir uns selbst. Dies führt dazu, dass man vom geliebten Menschen enttäuscht werden muss, weil wir mit unserer Tat eine bestimmte Gegenleistung erwartet haben. Wir haben dann nicht gehandelt, weil es unserem inneren Wesen entspricht, so zu handeln, sondern weil wir unser Gegenüber durch unsere Liebestat zu einer Gegenleistung verpflichten wollen. »Ich habe alles für dich getan, und ich wollte doch nur deine Liebe gewinnen – und nun verlässt du mich!«

Liebe kommt nicht von außen, sondern sie ist unser göttliches Wesen.

33

Ziele & Neuausrichtung

Rahmen und Inhalt –
Ziele überdenken, Ziele neu setzen

Die neue Zeit fordert uns auf, unsere Zielsetzungen in allen Bereichen (Beruf, Partnerschaft, Familie, Beziehungen, Gesundheit, Leben, Lernen, Genuss, Finanzen) zu überprüfen und sie eventuell neu und uns entsprechend auszurichten. Der größte Teil der Menschheit ist fremdbestimmt. Man ist ständig bemüht, äußere Ziele zu erreichen, um dadurch die Aufmerksamkeit und die Anerkennung der Mitwelt zu gewinnen. Dies führt dazu, dass man nie genug erreicht und dass die erbrachten Leistungen immer weiter nicht wirklich genügen. Das ständige Leistungsstreben macht mit der Zeit krank, führt zur Resignation, und die Leistungsverweigerung, Depression genannt, greift um sich. Wir sind aufgefordert zu bestimmen, was für uns selbst wichtig und richtig ist. Unser Ziel sollte unsere eigene Leistung betreffen. Falsche Ziele sind Ziele, in denen man sein Heil vom Tun anderer abhängig macht.

In meiner langjährigen Tätigkeit habe ich immer wieder feststellen können, dass die meisten Menschen Ziele ohne

Inhalt haben. Man bestimmt die äußere Form, doch das Wesentliche wird nicht bestimmt.

Beispiele für Ziele ohne Inhalt:

Eine Firma bestimmt, mehr Umsatz zu machen, dabei wäre es wichtig, die Qualität des Produktes zu verbessern und sich auf dessen Verkauf zu konzentrieren.

Ein Mann will eine Partnerschaft haben. Er macht sich Gedanken über das Aussehen der Frau, aber nicht, was er von sich selbst in der Beziehung verwirklichen will.

Eine Frau will Kinder haben, aber sie bestimmt nicht, was sie durch ihr Muttersein bewirken und weitergeben will.

Ein Mensch will Seminare geben sowie Bücher schreiben und stellt sich nur vor, damit möglichst viel Geld zu verdienen, statt den Kern zu bestimmen, nämlich das Weitergeben der selbst gewonnenen Erkenntnisse.

Diese Liste der Ziele ohne Inhalt könnte ich hier endlos fortsetzen. Generell gilt: Ziele, die nur das Format bestimmen, aber nicht die Essenz, deuten auf den inneren Mangel hin.

34

14 konkrete Ziele für ein neues, bewusstes Dasein

»Ich will mein inneres Wesen nun auch im Außen voll zur Geltung bringen, und ich will durch mein Wesen das Wesentliche in allem anregen und stärken!«

»Ich will mit dem Wert meiner Leistung voll zur Geltung kommen, und ich will durch den Wert meiner Leistung andere anregen, an ihre Leistungen zu glauben. Meine Leistungsstärke weckt die wesentliche Stärke in anderen Menschen.«

»Ich will meinen Lebensraum als meine eigene Wahl voll und bewusst einnehmen, achten und lieben, und ich will die Zeit meines Hierseins mit Freude genießen.«

»Ich will im bewussten Miteinander teilen, wachsen und mich vervollkommnen, und ich will meine Wesenskraft zur Befreiung anderer Wesen einsetzen, so dass jeder in dieser Gesellschaft seinen wertgeschätzten Platz erreichen kann.«

»Ich will meine inneren Werte voll erkennen, laufend weiter entwickeln, trainieren und optimieren, und ich will mit meinen Werten meine Kinder, meine Mitmenschen und meine Mitwelt stärken, motivieren und im höchsten Sinn zur Verwirklichung bringen.«

»Ich will meine innere Leichtigkeit und meine natürliche Lebensfreude nun voll nach außen strahlen, und ich will dadurch die Freude und die Leichtigkeit in allem wecken, anregen und stärken. Dadurch gedeiht die Freude, der Humor und die Leichtigkeit auch im Lebensalltag.«

»Ich will meine volle Liebeskraft nach außen strahlen, und ich will mit meiner Liebe die Liebe in allem wecken, anregen und erweitern. Ich will mit meiner vollen Liebeskraft in jeder Beziehung zur Geltung kommen. Ich bin die Liebe in Person!«

»Ich will meinen inneren Frieden nun voll nach außen strahlen, und ich will dadurch den Frieden in jedem Menschen und in allen Bereichen anregen, stärken und erweitern. Ich bin der Friedensengel in Person!«

»Ich will die Weisheit meines heiligen Geistes voll erkennen, anwenden und zu meiner Weiterentwicklung im höchsten Sinn verwirklichen. Ich will meine Weisheit und meine bereichernden Erkenntnisse zu meinem Wohl, aber auch zum Wohle meiner Mitwelt in Wort und Tat realisieren und so zum ganzheitlichen Wohlstand beitragen.«

»Ich will meine Voll-Macht erkennen und diese zum Wohle des höchsten Seins einsetzen. Ich will die göttliche Macht in allem stärken, indem ich mir meiner göttlichen Allmacht, die durch mich wirkt, voll und jederzeit bewusst bin.«

»Ich will meine Erkenntnisse auf dem Gebiet ... zum Wohle und zur Befreiung meiner Mitwelt in Form meiner Tätigkeit als ... oder in Form von Vorträgen, Seminaren und Beratungen an interessierte Menschen weitergeben.«

»Ich will meinen Seelenplan erfüllen, und ich will alle Herausforderungen meistern, denn alles, was sich mir in den Weg stellt, entspricht meiner Wahl, daran zu wachsen. Ich erkenne in allem die Lösung und freue mich über meine Chancen.«

• ⊙ •

»Ich bin heute berührt durch das Wesentliche, und ich will das Wesentliche in allem berühren. Ich erkenne die Lösung und nutze jede Möglichkeit. Mein inneres Wesen kommt in der Tat voll zur Geltung und findet dadurch seinen wahren Ausdruck!«

• ⊙ •

»Ich bin die Kraft, die Liebe, das Leben, die Freiheit, das Höchste, und ich gebe nun diesem Bewusstsein meine volle Aufmerksamkeit! Ich will mit meinem Besten dienen und will mein Bestes geben, so dass das Beste zum Tragen kommt!«

• ⊙ •

Denken Sie daran: Ihre Absicht zählt, und das Leben schickt Ihnen die Umstände, die Ihren inneren Absichten entsprechen.

Wandlung im großen Stil

In unserer materiellen Daseinswelt ist nichts von Dauer, alles ist prozesshaft, miteinander vernetzt, vergänglich und wandelbar und daher trügerisch unwesentlich. Das Wesentliche ist unsere individuelle Göttlichkeit, die ewig weiterbesteht, die sich lediglich immer wieder in neuen Ausdrucksformen erfährt und begreift. Es ist das ewige Spiel des Lebens mit dem Leben schlechthin.

Die Vergänglichkeit ist eigentlich nie das Problem. Leiden entsteht, wenn wir uns an etwas festklammern und damit bestimmte Zustände erhalten wollen, weil wir das Unbeständige für die eigentliche Realität halten. Doch das Leben ist eine »fließende Sache«.

Da sich der Planet Erde in die Schwingungsebene der 5. Dimension erhebt, müssen wir unsere Sichtweise dementsprechend erweitern. In dieser neuen Dimension erschafft man gemeinsam neue Welten. Im bewussten Miteinander denkt man nicht nur für sich selbst, sondern man begreift sich sozusagen auch im Bild der anderen.

36

Meisterjahre

Jeder Einzelne von uns befindet sich auf seinem selbst gewählten Entwicklungsweg. Unsere Befreiung vollzieht sich in Etappen. Jedes Mal, wenn es uns gelingt, Herr über herausfordernde Situationen zu sein, gewinnen wir an seelischer Größe. Prüfungssituationen im Leben können gesundheitlicher, familiärer, finanzieller oder emotionaler und ideeller Art sein. Wir sind ständig gefordert, unsere Emotionen in den Griff zu bekommen, denn ansonsten schaden wir uns durch unsere Entscheidungen.

Die Meister steigen auf die Erde herab, um mit der Erde aufzusteigen. Dies ist das Szenario, das sich in der nächsten Zeit vollziehen wird. Jeder hat die Wahl! Wer es jetzt nicht schafft, der wird diesen Schritt zu einem späteren Zeitpunkt an einem entsprechenden Ort machen.

Was ist gefragt? Ich bin mir sicher, es ist die individuelle Eigenständigkeit, gepaart mit dem Bewusstsein, ein bewusster Teil des großen Ganzen / von allem zu sein. Wir entwickeln uns zu einer individuell geprägten EINheit.

Persönliche Wahrnehmung & Evolution

Unsere Wahrnehmung wird – wie bereits mehrmals gesagt – maßgeblich durch unsere innere Erwartungshaltung bestimmt. Diese wiederum wird genährt durch unsere grundsätzliche Geisteshaltung. Alles in der Schöpfung ist auf Evolution ausgerichtet. So ist jeder von uns auf seinem ganz persönlichen Evolutionsweg, bis er irgendwann mit der Quelle verschmilzt und »zu Hause« ankommt. So sind alle Auffassungen subjektiv, und erst wenn ich das Wahrgenommene mit meiner inneren Haltung und Sichtweise abgleiche, erkenne ich, ob diese aufgenommene Information mich erweitert und ergänzt oder einschränkt und behindert. Jeder hat selbst die Wahl, welche Kräfte er für sich nutzt.

Wir kreieren unsere inneren Vorstellungen selbst. Die äußere Realität ist eigentlich nur ein Spiegelbild unserer inneren Haltung und unserer inneren (Ein-)Bildungen.

Wir glauben, die äußeren Gegebenheiten, unsere Umwelt bestimme darüber, inwieweit wir uns selbst verwirklichen und ausdehnen können – doch es verhält sich genau umgekehrt. Wir müssen begreifen, dass wir selbst unsere Umwelt erschaffen! Damit können wir alle Blockaden und Hindernisse im Außen als das erkennen, was sie sind: von uns selbst erschaffen gemäß dem Bild, das wir von uns haben. Haben wir demnach verstanden, dass sich alles, was uns im Außen begegnet, aus uns selbst generiert, können wir einen anderen, einen übergeordneten Blickwinkel dazu einnehmen – und unser Umfeld sowie unsere Lebensumstände letztendlich selbst bestimmen.

38

Gemeinsamkeit – eine Frage der Kommunikation

Globalisierung: Globale Kommunikation

In den letzten 30 Jahren hat sich die Welt drastisch verändert. Die Kommunikation über die verschiedensten Medien sowie insbesondere über das Internet bringt die Menschen einander näher, und gleichzeitig kann die ständig wachsende Datenflut verwirren. Jeder gibt seine Meinung preis, und viele bleiben dennoch in der Anonymität. Die Beeinflussung über die vielfältigen Medienangebote ist enorm und kann den einen oder anderen verunsichern und noch mehr ängstigen. Gerade auch das Internet ist eine Plattform, auf der sich unsichere Menschen mit unlauteren Absichten, aber schönen Worten austoben können, ohne ihren Gesprächspartnern wirklich zu begegnen. Gleichzeitig ist es jedoch auch, wie erwähnt, eine Möglichkeit, dass sich Menschen weltweit austauschen und direkt miteinander kommunizieren können.

Es gibt bereits unzählige Plattformen, auf denen sich die unterschiedlichsten Menschen mitteilen. Es liegt an uns, wie wir die uns zur Verfügung stehenden Möglichkeiten nutzen und einsetzen.

Der Grund für Voraussagen und Prophezeiungen

Es wurde schon viel prophezeit, und einiges ist einge-troffen, vieles aber auch nicht. Selbst wenn diese vielen Pro-phezeiungen stimmen, würden die Menschen doch nicht von einem Moment zum anderen ihre innere Haltung än-dern, weil dies einfach auf die Schnelle nicht möglich ist. Wir sind einmal mehr gefordert, uns selbst zu lieben, uns selbst zu begreifen und so zu denken, zu fühlen und zu han-deln, dass es sowohl unserem eigenen als auch dem Wohl aller dient.

Durch die globale Kommunikation (Fernsehen, Radio, Presse, Internet) finden sich die Gleichgesinnten, und sie stärken in der Gemeinschaft ihre Geisteshaltung. Ich selbst habe unzählige Menschen getroffen, die sehr an sich arbeiten und die ihre wesentlichen Kräfte immer mehr bewusst nutzen. Bewusste Menschen strahlen Hoffnung aus, denn sie sind wach, sie haben Verantwortungsgefühl – und sie verbinden ein höheres Bewusstsein mit der Bereitschaft, entsprechend zu handeln.

Jeder Mensch verfügt über das ganze Potenzial. Wir haben schon alles, was wir brauchen. Alle Zutaten sind vorhanden, wir müssen nun einfach das Richtige tun und das nutzen, was bereits in uns ist. Jeder Einzelne sollte nun die Verantwortung für sich selbst übernehmen, indem er seine Geschichten ordnet und indem er eine Bestandsaufnahme seiner Lebenssituation macht. Mithilfe neutraler Berater kann man dann die wesentliche Essenz aus den Erkenntnissen, Lektionen und Erlebnissen ziehen. Das Leben versucht, die Aufmerksamkeit unserer Seele zu gewinnen. Alles fordert uns auf, durch den Prozess der Selbsterkenntnis die Seelenveredelung zu vervollkommnen. Wir sind die Lenker unserer Geschicke, also bestimmen wir jetzt, was uns morgen begegnet. Der Wandel beginnt in uns und strahlt nach und nach nach außen in die ganze Welt!

Der innere Klärungsprozess dient der äußeren Klarheit. Wir können alles erreichen, wenn wir in der Gegenwart leben und wenn wir unsere Vergangenheit neutralisieren, sie also weder als gut noch als schlecht bewerten.

Zur Befreiung und zur wesentlichen Vervollkommnung dienen uns die 7 universellen Gesetze:

1. Gesetz der Mentalität / Geistigkeit (innere Über**zeug**ungen) / geistige Grundlage / geistiges WerkZeug

2. Entsprechung, Anziehung, Analogie, Vision, Handlung

3. Schwingung (Frequenz, Wellenlänge)

4. Polarität (Gegensätze)

5. Rhythmus (Zeit)

6. Ursache und Wirkung (geben und empfangen)

7. Geschlechtlichkeit (göttliche Zeugungskraft)[1]

Leben wir nach den universellen Gesetzen und beachten wir diese in ihrer unfehlbaren Wirkung, dann begreifen wir alle, was zu tun ist.

---

[1] Praktische Anwendungen finden Sie in meinem kleinen Buch *»Die 7 universellen Gesetze – Spielregeln für ein Leben in Vielfalt«*, Silberschnur 2009.

Zum Schluss ...

Erinnern wir uns immer wieder daran, dass jeder Mensch ein individuelles, selbstbestimmtes Wesen ist. Respektieren wir dies, indem wir erkennen, dass jeder Mensch einen ganz eigenen Weg hat, um sein Ziel – das aber auch das Ziel aller ist – zu erreichen, dann wird Achtsamkeit, Wertschätzung und echte Aufmerksamkeit die zwischenmenschlichen Beziehungen wesentlich erleichtern.

Gerade auch bei spirituell und religiös ausgerichteten Menschen kann man oft eine gewisse Überheblichkeit gegenüber den Menschen beobachten, die vermeintlich »geistig noch nicht so weit sind«. Dies zeigt sich in einem ungesunden Wettbewerbsstreben und in einem Konkurrenzkampf, in dem jeder versucht, seine eigene Position zu sichern. Jeder will die Weisheit für sich gepachtet haben. Der Weise teilt sein Wissen und gibt es weiter, denn er weiß, dass er dadurch selbst wächst und weiter vorankommt. Solange Menschen versuchen, »ihr Wissen und ihre Erkenntnisse« mit Copyrights zu sichern, leben sie immer noch in der Angst und im Mangel.

Im Verlaufe meiner bewussten Entwicklungsreise hatte ich viele klare Eingebungen (im entspannten Zustand). Es kam oft vor, dass mir Menschen mitgeteilt haben, dass sie genau das Gleiche später in einem Buch gelesen oder aber sonst wo gehört haben. Dies hat mir gezeigt, dass jeder die Wissensquelle anzapfen kann und dass das Wissen und die befreienden Erkenntnisse allen Menschen zugänglich sind. Bedingung ist nur, sich dafür zu öffnen. Was wir mit dem Herzen sehen, das wird der Verstand schlussendlich auch begreifen und zulassen können. Ich habe festgestellt, dass ich selbst umso tiefere Erkenntnisse gewinne, je mehr ich mein Wissen mit anderen teile. Im Weitergeben zeigt sich vor allem auch der eigene Wissensstand. Mir hat es immer gedient, wenn ich die Situationen anderer Menschen betrachtet habe. Wenn ich dabei auf mich selbst achtete, konnte ich feststellen, was für eine Haltung ich noch zu solchen Situationen habe. Ich lernte mich selbst auch über die anderen kennen.

Der Bewusstseinswandel ist in vollem Gange, und er wird stärker und stärker, wobei er jeden einzelnen Menschen fordert – und fördert. Lassen wir uns mit tiefer Freude darauf ein ...

Franziska Krattinger

& der Verlag »Die Silberschnur«

Franziska Krattinger war seit 1985 in ihrer eigenen spirituellen Beratungs- und Weiterbildungspraxis tätig. Sie teilte ihre geistigen Schätze, ihre Erfahrungen, ihre Erkenntnisse, ihre Werte in Seminaren, in Vorträgen, in persönlichen Beratungen und in Supervisionen für Therapierende. Sie verstarb 2013.

Der Verlag »Die Silberschnur« veröffentlicht Werke, die der spirituellen Entwicklung, der gesunden Ernährung und der inneren und äußeren Leichtigkeit und Freude dienen.

Die Heilung des Planeten Erde und der Weltfrieden beginnen in jedem Einzelnen von uns!

Wir geben dieses Werk mit der Absicht heraus, dass diese Erkenntnisse die wesentliche Macht in jedem Einzelnen wecken und anregen mögen. Wir wollen die inneren Werte anregen und so zum dauerhaften Wohlstand auf dieser Welt beitragen.

www.silberschnur.de

Die Früchte, die aus dem gemeinsamen Wirken und Streben wachsen, dienen unseren Seelen als ewige Nahrung.

Franziska Krattinger

Triff deine Vergangenheit, verstehe deine Gegenwart, erschaffe deine Zukunft

Dein Pentagramm des Lebens

Ist unser Schicksal vorbestimmt oder können wir es beeinflussen? Jede Seele tritt ihr Leben nach einem vorgewählten Programm an, nach welchem sie den Sinn ihres Daseins erkennen und sich von Ängsten und Zwängen befreien kann. Dadurch werden wir die Lösung für unsere Probleme finden, uns selbst befreien und unser Leben neu bestimmen.

Mit der Pentagramm-Analyse werden wir unsere Vergangenheit verstehen, unsere Gegenwart annehmen und unserer Zukunft begegnen.

Befreie deine Gefühle und erkenne deine Stärke, Kraft und Möglichkeiten.

528 Seiten, gebunden · ISBN 978-3-96933-061-6

Franziska Krattinger

Ein Wort genügt!

... sich einfach umprogrammieren

Schalten Sie einfach um! – Manchmal genügt ein einziges Wort, um verborgene Haltungen ans Licht zu bringen oder Einstellungen zu ändern. Dabei gibt es spezielle Worte, die gleichsam eine magische Wirkung haben, da sie die Schlüssel zu unserem Unterbewusstsein sind: Schaltworte.

Schalten Sie einfach um! – und beobachten Sie die Veränderungen in Ihrem täglichen Leben, ohne dass Sie bewusst daran denken oder eine Vorstellung der Lösung haben müssen. Nutzen Sie die Kraft, eine Situation augenblicklich im besten und idealen Sinn zu verändern.

168 Seiten, Klappenbroschur · ISBN 978-3-89845-152-9

Franziska Krattinger

Machtworte

Was Worte machen können

Dass sich mit dem richtigen Wort zur rechten Zeit jede Situation verändern lässt, je nachdem, welche Energie mit diesem Wort in die entsprechende Situation strömt, haben schon viele Menschen selbst erfahren. Schaltworte, Kraftworte – die Autorin stellt in diesem Buch 72 solcher Worte mit magischer Wirkung vor und führt uns gleichzeitig eindrucksvoll die Macht des Wortes vor...

Denn eines dieser magischen Worte genügt schon, um einen unterbrochenen energetischen Fluss wieder zum Fließen zu bringen – und so alles wieder in die richtige Bahn zu lenken!

256 Seiten, broschiert · ISBN 978-3-89845-232-8

Franziska Krattinger

Die 7 universellen Gesetze

Spielregeln für ein Leben in Vielfalt

Das Leben folgt universellen Gesetzen. Wer diese begreift, kann sich alle Lebensformen, Situationen und Realitäten erklären. Diese universellen Gesetze gelten auf allen Ebenen und in allen Bereichen. Niemand kann sich ihnen entziehen.

Dieses Handbuch vermittelt durch praktische Übungen und gelebte Beispiele aus dem Alltag die entscheidenden Spielregeln für ein Leben in Fülle! Es zeigt, wie man seine Kraft am besten einsetzt, um seine Ziele stets zu erreichen. Die beschriebenen Gesetze gelten für alle – und wer sie beherrscht, ist somit Herr über seine Realität.

152 Seiten, broschiert · ISBN 978-3-89845-266-3

Kartenset

Franziska Krattinger

Die Kraft der 144 Schalt- und Machtworte

Es ist schwer, eingefahrene Wege zu verlassen und wirklich etwas in seinem Leben zu verändern.

Die 144 wirkungsvollen Karten mit Schalt- und Machtworten helfen dabei, denn sie erwecken die uns innerwohnende positive Macht zur selbstbestimmten Veränderung von Situationen und Vorhaben. Eines dieser Worte genügt bereits, um einen unterbrochenen energetischen Fluss wieder zum Laufen zu bringen und so alles zum Besten zu lenken!

Schalten auch Sie einfach um – und beobachten Sie die positiven Veränderungen in Ihrem täglichen Leben. Sie haben WIRKLICH die Macht dazu!

144 Karten mit Kurzanleitung, inkl. Miniposter, in Box · EAN 4260075280-28-8

Maria G. Baier-D'Orazio

Anders sein, anders denken, anders handeln
Um du selbst zu sein, um frei zu werden, damit sich etwas ändert.
Ein inspirierendes Arbeitsbuch

Ein völlig neuer Weg der Innenschau! Im ersten Teil des Buches führen Fotos dich in einer Reflexion über dein gesamtes Leben. Dein Denken wird auf die Probe gestellt. Du spürst, wer du wirklich bist und entdeckst neue Wege.

Im zweiten Teil erlauben dir Zeichnungen deine Sichtweisen und Probleme konkret zu bearbeiten. Im Buch selbst kannst du diese Zeichnungen neu gestalten. So findest du Lösungen und es wird sich etwas in deinem Leben verändern.

Eine Entdeckungsreise zu dir selbst!

256 Seiten, mit vielen Fotos und Grafiken, Flexocover · ISBN 978-3-96933-009-8

Marilyn Mandala Schlitz, Cassandra Vieten,
Tina Amorok

Innig leben
Die Kunst der Transformation

Die Erkenntnisse aus unserem langjährigen Forschungsprogramm über Transformation werden Ihnen helfen, inniger zu leben. Wenn Sie Ihr Leben transformieren, bereichern und vertiefen möchten, werden Sie hier einen wertvollen Leitfaden finden.

Ein Perspektivwechsel, der grundlegende Veränderungen bringt. Alles löst sich in Wohlgefallen auf weil der Sinn und Zweck des Daseins endlich verstanden wird.

Bewusstseinstransformation ist das Wichtigste was Sie für sich selbst und die Welt tun können.

304 Seiten, broschiert · ISBN 978-3-96933-040-1

Ingrid Theresia Bleier

Mit deinen 7 Sinnen zum gesunden Menschsein
Wie wir wieder lernen, uns selbst zu vertrauen

Wie lebe ich gesund und wie orientiere ich mich in turbulenten Zeiten? Das ist die Frage nach gesundem Menschsein und Menschbleiben. Das Wissen um die eigenen 7 Sinne zeigt uns einen einfachen Weg, wie wir zu Achtsamkeit, Balance und Klarheit finden.

Der Mensch ist mehr als sein Körper – unser Sinnessystem ist der Zugang zu bewusster Wahrnehmung, Intuition und Selbstbestimmtheit.

Das Buch ist ein Leitfaden für jeden, der sich auf seine 7 Sinne verlassen und einen inneren Kompass entwickeln möchte. Es öffnet neue Türen, um jede Herausforderung perfekt zu meistern und zugleich körperlich und seelisch gesund zu bleiben.

168 Seiten, broschiert · ISBN 978-3-96933-006-7

Weiterführende Informationen zu
Büchern, Autoren und den Aktivitäten
des Silberschnur Verlages erhalten Sie unter:
www.silberschnur.de

Natürlich können Sie uns auch gerne den
Antwort-Coupon aus dem beiliegenden
Lesezeichenflyer zusenden.

Ihr Interesse wird belohnt!